Johannes Facius
WIE IN DEN TAGEN NOAHS

Johannes Facius

Wie in den Tagen Noahs

*Was in der Endzeit **wirklich** zählt*

Leuchter-Verlag eG · Erzhausen

Titel der Originalausgabe: As in the Days of Noah
Übersetzung: Reimer Dietze, Erzhausen
Umschlaggestaltung: Frank Decker, Messel

2. Auflage: März 1998

© 1997 Johannes Facius / Sovereign World Ltd, Tonbridge
© der deutschen Ausgabe 1997 by Leuchter-Verlag eG, 64390 Erzhausen

Die Bibelstellen sind, wenn nicht anders angegeben,
der Revidierten Elberfelder Bibel entnommen

ISBN 3-87482-204-4

Gesamtherstellung: Schönbach-Druck GmbH, 64390 Erzhausen

INHALT

VORWORT

Wie in den Tagen Noahs ist ein dringender, ja überfälliger Weckruf an die Gemeinde Jesu in aller Welt. Das Buch bringt die Worte von 2. Petrus 1,19 aktuell für unsere Zeit zur Geltung:

> *Und so besitzen wir das prophetische Wort um so fester, und ihr tut gut, darauf zu achten als auf eine Lampe, die an einem dunklen Ort leuchtet, bis der Tag anbricht und der Morgenstern in euren Herzen aufgeht ...*

Wenn wir das Licht zurückweisen, das Gott durch die biblische Prophetie für uns hat aufscheinen lassen, verdammen wir uns selbst dazu, im dunkeln zu tappen, nicht zu verstehen, was um uns herum vorgeht, und nichts von dem zu erkennen, was vor uns liegt.

Mit durchdringender Logik entlarvt Johannes Facius die verschiedensten irreleitenden Schriftauslegungsmodelle, die nichts anderes vermögen, als dem egozentrischen Materialismus Vorschub zu leisten, der die Kultur des Westens beherrscht. Seine kompromißlose, die Dinge beim Namen nennende Herangehensweise gleicht einem kühlen, kräftigen Wind, der den Nebel der Gleichgültigkeit vertreibt, von dem sich so viele, die sich für wiedergeborene Christen halten, haben einhüllen lassen.

Johannes Facius analysiert die wichtigsten satanischen Mächte, die gegenwärtig in der Welt aktiv sind, und stellt Satans Strategie bloß, mit der er Gottes Zielsetzungen in der Menschheitsgeschichte zu durchkreuzen trachtet. Zu den unheilvollsten und zugleich von christlicher Seite am wenigsten durchschauten dieser Mächte zählt der *Humanismus*.

Ich persönlich finde Johannes Facius' in Kapitel 7 vorgetragene Humanismus-Analyse ganz besonders aufschlußreich. Sie verfolgt die Spur des Humanismus zurück bis zur Versuchung Evas im Paradies, jener Versuchung, mit der Satan sie verführte, vom Baum der Erkenntnis des Guten und Bösen zu essen. Mit Johannes Facius' eigenen Worten: „Wenn etwas nicht nur gut erscheint, sondern auch gut schmeckt und sich gut anfühlt, dann muß man doch den Schluß ziehen, daß es von Gott kommt, oder nicht?"

Im weiteren führt Johannes Facius aus, welche todbringende Täuschung sich hinter derartiger Logik verbergen kann. Und doch ist das die Quintessenz humanistischer Philosophie.

Obwohl Johannes Facius die Vorgehensweisen und Täuschungsmanöver Satans sorgfältig herausarbeitet, kommt er nicht zu einem negativen Schlußakkord. Vielmehr zeigt er auf, wie Gott den Druck, der gegenwärtig sowohl auf der Gemeinde Jesu als auch auf Israel lastet, benutzt, um ein Volk zur Ehre seines Namens heranwachsen zu lassen.

Wer dieses Buch mit offenem Herzen zur Hand nimmt, wird nicht eingeschüchtert, sondern angeregt werden, sich seinerseits dem Studium biblischer Prophetie zu widmen. Er wird sich nicht entmutigt, sondern herausgefordert fühlen, sich selber mehr Gott zur Verfügung zu stellen, damit Gottes endzeitliche Pläne rascher Wirklichkeit werden können.

Derek Prince
Jerusalem, im November 1996

Kapitel 1

Keine prophetische Offenbarung

Folgende Geschichte ist wohlbekannt: Zwei Männer arbeiteten auf der Baustelle einer neuen Kathedrale. Jemand kam des Weges, schaute interessiert zu und fragte sie schließlich, was sie da machten. Der erste Arbeiter antwortete: „Ich schichte einen Stein auf den anderen." Der zweite hingegen hatte eine ganz andere Schau. Seine Antwort war: „Ich baue eine Kathedrale!" Der erste Mann besaß nur eine sehr eingeengte, beschränkte Sicht von dem, was er zu verwirklichen trachtete. Der zweite hatte eine Vision: eine Schau vom Endergebnis dessen, wozu er mit seiner Arbeit beitrug. So oft geht die Kirche mit großer Hingabe ihren täglichen Obliegenheiten nach, aber die Vision der letztendlichen Ziele Gottes für sein herrliches Reich hat sie längst eingebüßt.

Im Buch der Sprüche finden wir folgende vertraute Feststellung:

> *Wenn keine prophetische Offenbarung da ist, wird das Volk zügellos; aber wohl ihm, wenn es das Gesetz beobachtet! – Spr. 29,18 Menge*

Gemeinhin versteht man diese Schriftstelle dahin, daß wir ohne Offenbarung oder Vision Weg und Ziel aus den Augen verlieren. Wir treten dann auf der Stelle und gelangen nirgendwohin. Doch die Übersetzung Hermann Menges macht deutlich, daß es nicht nur darum geht, ob wir eine Vision haben oder nicht. Was zählt, ist der prophetische Charakter unserer Vision. Davon hängt es ab, ob wir zielgerichtet vorwärtskommen oder nicht. Das Adjektiv „prophetisch" ist an dieser Stelle überaus bedeutsam. Es unterstreicht, daß unsere Vision gemäß dem Stand der Dinge auf Gottes prophetischer Tagesordnung aktualisiert werden muß. Mit anderen Worten: Die Vision braucht den richtigen Zeitbezug – auf das Timing kommt es an. Gott handelt heute anders als zu Beginn unseres Jahrhunderts oder zu Zeiten eines Martin Luther. „Prophetisch" sein heißt, daß wir verstehen, was Gott für unsere eigene Gegenwart auf dem Herzen hat.

In einer seiner Diskussionen mit den Pharisäern forderte Jesus diese religiösen Zeitgenossen an dem Punkt heraus, wo es um das Verständnis der Zeichen der Zeit ging:

> *Das Aussehen des Himmels wißt ihr zwar zu beurteilen, aber die Zeichen der Zeiten könnt ihr nicht beurteilen.* – Mt. 16,3

Jesus sprach davon, daß Menschen zwar mit einem Blick auf den Himmel vorherzusagen vermögen, wie morgen das Wetter sein wird, hingegen keinerlei Bewußtsein der prophetischen Tagesordnung Gottes besitzen. Folglich kriegen sie von den großen geistlichen Ereignissen unserer Tage nicht das geringste mit. Das wäre nun bei Menschen, die den Herrn gar nicht kennen, nichts Ungewöhnliches; niemals aber sollte man es von irgendeiner Kirche oder einem Teil des Leibes Jesu sagen müssen.

Richtungslosigkeit

Sprüche 29,18 zeigt auf, wohin es führt, wenn keine prophetische Offenbarung da ist: „Das Volk wird zügellos." Die Zürcher Bibel übersetzt: „Ohne Offenbarung verwildert das

Volk." Der Sinn liegt auf der Hand: Ohne prophetische Vision verirrt sich Gottes Volk in geistlicher Verwilderung. Christen wissen dann weder, wo sie stehen, noch, wohin sie gehen sollen.

Sie sind richtungs- und ziellos, wie Schiffbrüchige auf hoher See in einem Boot ohne Ruder. Das heißt keineswegs, daß sie nicht mehr Volk Gottes sind, wohl aber, daß sie einigermaßen unnütz geworden sind, wenn es darum geht, Gott in seinem Reich effektiv zu dienen. Solche Christen gleichen dem Volk Israel, das vierzig Jahre lang in der Wüste herumirrte, statt geradewegs auf das verheißene Land zuzumarschieren und Gottes Willen zu erfüllen.

Menschen ohne prophetische Vision wissen den Weg nicht mehr; doch „wohl dem, der das Gesetz hält" (Spr. 29,18 b Zürcher)! Da haben wir einen Hinweis darauf, was Gottes Volk nötig hat und woher es eine prophetische Vision gewinnen kann. Wirkliche, authentische Visionen für das Volk Gottes erwachsen nicht aus der Ausübung irgendwelcher prophetischer Geistesgaben und kommen auch nicht aus charismatischen Träumen und Gesichten. Das alles ist zwar gut und hilfreich, genügt aber nicht, wenn die Gemeinde Jesu nach wirklicher Wegweisung für heute und morgen sucht.

Die Vision, die wir brauchen, erwächst aus einem korrekten Verständnis der Heiligen Schrift in ihrem Bezug auf unsere Zeit. Sie entspringt dem „Gesetz" Gottes. Was wir brauchen, ist ein neuer Eifer zur Erforschung der Schrift, wobei es darauf ankommt zu beachten, was Gottes Wort über diese letzten Tage zu sagen hat. Auf keinem anderen Wege kann sich die Gemeinde Jesu heutzutage zurechtfinden. Nur so können wir die richtigen Prioritäten für unser Leben und Handeln definieren.

Von daher ist es unabdingbar, daß Gottes Volk heute einen scharfen, klaren Blick gewinnt. Nur eine scharfkonturierte Vision kann uns in unserer Reichsgottesarbeit zu zielgerichteter Entschlossenheit verhelfen. Jesus sagte:

Die Lampe des Leibes ist das Auge; wenn nun dein Auge klar ist, so wird dein ganzer Leib licht sein; wenn aber dein Auge böse ist, so wird dein ganzer Leib finster sein. – Mt. 6,22 f.

Es geht um die Klarheit unseres Blicks, das heißt unsere Vision. Wenn diese stimmig ist, wird unser Leben lichtdurchflutet sein. Dann wissen wir, wo wir stehen und wohin wir gehen. Sehen wir aber unscharf oder verwischt, so zieht das unser ganzes Leben in Mitleidenschaft. Dann tapern wir herum wie in einem Nebel der Verwirrung. In der alten Lutherbibel ist an der zitierten Stelle von der Einfalt, modern gesprochen der Konzentration, des Auges die Rede. Genau das ist der Punkt: Wir brauchen einen klaren, scharf ausgerichteten Blick! Das Gegenteil, ein „böses" Auge, bedeutet demzufolge ein Schauen mal hierhin, mal dorthin, ohne daß wir zu entscheiden vermögen, was von Gott kommt und wohin wir gehen sollten. Das nennt Jesus ein Wandeln in der Finsternis.

Die Zeiten erkennen

Zu einer scharf ausgerichteten prophetischen Vision gehört die Fähigkeit zu erkennen, in welcher Zeit wir uns befinden. Gottes Werk steht niemals still. Es schreitet der Zeit entsprechend voran, nicht anders als die Jahreszeiten. Hören wir die Worte des Predigers Salomo:

Alles hat seine Stunde. Für alles gibt es eine bestimmte Stunde. Für jedes Vorhaben unter dem Himmel gibt es eine Zeit: Zeit fürs Gebären und Zeit fürs Sterben, Zeit fürs Pflanzen und Zeit fürs Ausreißen des Gepflanzten, Zeit fürs Töten und Zeit fürs Heilen, Zeit fürs Abbrechen und Zeit fürs Bauen, Zeit fürs Weinen und Zeit fürs Lachen, Zeit

fürs Klagen und Zeit fürs Tanzen, Zeit fürs Steine-
werfen und Zeit fürs Steinesammeln, Zeit fürs Um-
armen und Zeit fürs sich Fernhalten vom Umar-
men, Zeit fürs Suchen und Zeit fürs Verlieren, Zeit
fürs Aufbewahren und Zeit fürs Wegwerfen, Zeit
fürs Zerreißen und Zeit fürs Zusammennähen, Zeit
fürs Schweigen und Zeit fürs Reden, Zeit fürs Lie-
ben und Zeit fürs Hassen, Zeit für Krieg und Zeit
für Frieden. – Pred. 3,1-8

Aus diesem Wort folgt, daß es sehr wichtig ist, von Zeit zu Zeit festzustellen, in welcher Stunde wir uns befinden. Wenn Gott im Begriff ist, eine Stunde einzuläuten, in der er Altes abbrechen will, wäre es nicht ratsam, irgend etwas aufbauen zu wollen. Wenn die Stunde des Weinens ist, wäre es nicht angebracht, mit Lachen zu reagieren, und umgekehrt. Gleichermaßen sollten wir nicht an der Herstellung von Frieden arbeiten, wenn der Herr einen Kriegszug gegen die Feinde ausgerufen hat. Wie wollen wir jemals den Zwecken des Reiches Gottes effektiv dienlich werden, solange wir nicht erkennen, was der Herr gerade tut? Wir haben es so sehr nötig zu hören, was der Geist heute den Gemeinden sagt!

Eine Illustration dieser Wahrheit finden wir beim Propheten Daniel. Im neunten Kapitel des Danielbuches wird berichtet, wie Daniel innewurde, daß die siebzig Jahre der babylonischen Gefangenschaft sich dem Ende zuneigten. Seine Reaktion: bußfertige Hinwendung zu Gott. In tiefer Hingabe, betend und fastend, rief er den Herrn an, seine Verheißung zu erfüllen und das Volk der Juden in das Land Judas und Israels zurückzuführen. Dieses Gebet Daniels war der eigentliche Auslöser für den geistlichen und politischen Prozeß, der schließlich den Juden den Auszug aus Babylon ermöglichte und die Tür zur Rückkehr ins verheißene Land vor ihnen öffnete. Indem er Gottes Wort, in erster Linie den Propheten Jeremia, studierte, erlangte Daniel Einblick in Gottes prophetischen Zeitplan. Daraufhin erkannte er, wie er sich mit dem Herzen Gottes eins machen und so mit Gott kooperieren konnte, daß sich das Wort erfüllte.

Interessanterweise gleicht die Situation, in der wir uns heute befinden, weitgehend der, in der Daniel stand. Indem wir die prophetischen Schriften erforschen, stellen wir ebenfalls fest, daß es an der Zeit ist für die Rückkehr des jüdischen Volkes aus den Nationen in das Land seiner Väter. Nur daß es diesmal keine Rückkehr aus einer einzigen Nation wie Babylonien ist, sondern aus allen Nationen, in die die Juden zerstreut worden sind. Es ist ein Auszug von den vier Enden der Erde. Seit etwa zehn Jahren hat diese prophetische Entdeckung im Wort Gottes Gruppen von Gläubigen in aller Welt dazu geführt, sich in anhaltende Fürbitte zu vertiefen. Ihr Wunsch ist, mit Gott bei der Erfüllung seines Wortes zusammenzuarbeiten. Ich selbst habe mich sowohl an Gebetsveranstaltungen als auch an Gebetsreisen beteiligt, von denen einige in die frühere Sowjetunion führten. Dabei war mein einziges Anliegen, zum Herrn zu flehen und den Teufel zu bekriegen, damit das jüdische Volk freigesetzt würde, aus dem Land des Nordens nach Israel zurückzukehren. Tatsächlich glaube ich mit vielen anderen, daß der eigentliche Grund für den totalen Zusammenbruch des Sowjetimperiums im anhaltenden Gebet zehntausender Christen liegt. Im Kielwasser der Gebetsbewegung für dieses prophetisch erkannte Anliegen haben sich viele christliche Initiativen gebildet, die materielle Hilfe leisten, um die Juden per Flugzeug, Bus oder Schiff heimzubringen. Mindestens zum Teil ist der Leib Jesu am Erwachen. Viele Christen erkennen, was in unseren Tagen auf dem Herzen Gottes liegt, und hören, was der Geist in diesen letzten Tagen den Gemeinden sagt.

14

Gottes ewige Ziele

Wir sind zu dem Verständnis gelangt, daß die Kraft, die die Weltgeschichte vorantreibt, nichts Geringeres und nichts anderes ist als die Erfüllung der Zielsetzungen Gottes. Gott ist der Gott aller Geschichte, und er setzt seine Macht ein, um die Geschichte so zu leiten, daß seine ewigen Ziele erreicht werden. Aus demselben Grund ist es Satans Kernstrategie, die Erfüllung der Zielsetzungen Gottes zu verhindern. Die Geschichte dreht sich um Gott, der im Begriff ist, sein Wort zu erfüllen, und den Teufel, der versucht, was er kann, um ebendiese Erfüllung zu verhindern. Der gesamte Nahostkonflikt mit dem Brennpunkt Israel ist eine atemberaubende Bestätigung dieser Sicht der Dinge. Israel ist zwar eine der winzigsten Nationen auf Erden, stiehlt aber nichtsdestoweniger seit Jahrzehnten allen anderen die Schau, wenn es um die Aufmerksamkeit der Weltöffentlichkeit geht. Warum ist das so? Weil in Israel der Herr ersichtlich dabei ist, die Worte seiner Propheten zu erfüllen, und weil um Israel herum der Teufel seine Hauptstreitmacht in Stellung gebracht hat, um zu verhindern, daß Gottes Wort in Erfüllung geht. Wer das erkennt, besitzt eine prophetische Vision.

Wenn wir Gottes Handeln mit Israel betrachten, sehen wir deutlich, wie wichtig es ist, den Zeitbezug prophetischer Ereignisse zu erkennen. Wir beobachten, wie Schritt um Schritt die Weissagungen von Ezechiel 36-39 in Erfüllung gehen. Ezechiel spricht zunächst von den ausgedörrten Knochen, die an einem Ort zusammenkommen. Das ist *Alija*, die Heimkehr der ungläubigen, blinden Judenschaft von den vier Enden der Erde. Die nächste Phase beschreibt der Prophet so, daß um die Knochen herum wieder Sehnen gespannt werden und neues Fleisch sie umhüllt. Das ist die natürliche Wiederherstellung der israelitischen Nation. Schließlich wird der Geist über die wiedererstandenen Körper ausgegossen, und sie stehen auf und bilden eine Armee. Das ist nichts weniger als die geistliche Wiedergeburt Israels. Der Schleier wird ihnen von den Augen gezogen werden, und sie werden ihren Messias erkennen und gerettet werden. In diesem prophetischen Licht sollte das Volk Gottes in der Lage sein, seine Anstrengungen gleichzuschalten mit dem, was der Heilige Geist heute in der Welt tut.

Auch auf einem anderen bedeutenden Gebiet sind wir heute Zeugen einer gewaltigen Schlacht. Dabei handelt es sich um die Erfüllung des Missionsauftrages. Matthäus 24,14 spricht davon, daß Gott in den letzten Tagen vor dem nahenden Ende das Ziel verfolgt, unter allen ethnischen Gruppen das Zeugnis des Evangeliums aufzurichten. Das muß den Blick der Kirche auf die unerreichten Völker richten, jedenfalls dann, wenn sie eine prophetische Schau besitzt. Der Kontext in Matthäus 24 stellt klar, daß angesichts dessen der Teufel mobilisiert, was irgend er mobilisieren kann, um die Erfüllung des Vorhabens Gottes zu verhindern. Vielleicht erleben wir deshalb immer mehr Kriege.

Ihr werdet aber von Kriegen und Kriegsgerüchten hören ... Denn es wird sich Nation gegen Nation erheben ... – Vv. 6 a. 7 a

Schon immer war Krieg ein bevorzugtes Mittel in Satans Kampf gegen die Ausbreitung des Evangeliums.

Doch auf geheimnisvolle Weise zieht Gott Vorteile aus dieser satanischen Strategie, so daß sie dazu beitragen muß, daß die Türen für das Evangelium erst recht aufgehen. Es ist interessant zu sehen, daß der Teufel seine Bemühungen darauf konzentriert hat, eine bestimmte Gruppe von Nationen davon abzuhalten, mit dem Evangelium in Berührung zu kommen, nämlich die islamischen Völker. Zu 97 Prozent befinden sich die unerreichten Volksgruppen in dem Raum, den man heute das *10/40-Fenster* nennt. Das *10/40-Fenster* umgreift einen Streifen von Ländern, der sich von Nordafrika bis nach Japan erstreckt. Die meisten dieser Länder sind islamisch. Es ist, als habe der Teufel in diesem Gebiet eine Festung gegen das Evangelium errichtet. Er setzt alles daran, die Erfüllung des Missionsauftrages zu verhindern, damit das Ende nicht herbeigeführt werden kann.

Kapitel 2

Um der Auserwählten willen

Es gibt im Neuen Testament einen Ausdruck, der uns zu einem noch besseren Verständnis dessen verhilft, was Gott am Herzen liegt. Ich meine die Wendung „um der Auserwählten willen". Wir lesen davon in Matthäus 24,22.31, wo Jesus von der großen Trübsal spricht, die in den letzten Tagen sein wird. Die Mächte der Finsternis werden einen derart fürchterlichen Verfolgungsdruck auf die Gläubigen ausüben, daß niemand diese Zeit überleben würde, wenn der Herr sie nicht verkürzte.

Doch er wird sie verkürzen – „um der Auserwählten willen". Mit anderen Worten: Die Auserwählten bilden den entscheidenden Faktor für die historischen und politischen Ereignisabläufe der Endzeit.

Deshalb sollten wir niemals meinen, die Welt werde von machthungrigen und ehrgeizigen Männern regiert. Sicher sieht es häufig so aus, aber Gott ist Herr über sie alle. Jesus, das Haupt aller Schöpfung, hat alle Mächte und Gewalten entwaffnet und übt totale Kontrolle aus.

In 2. Timotheus 2,10 lesen wir einen erstaunlichen Satz aus der Feder des Apostels Paulus:

> *Deswegen erdulde ich alles um der Auserwählten willen, damit auch sie die Errettung, die in Christus Jesus ist, mit ewiger Herrlichkeit erlangen.*

Hier macht Paulus ersichtlich, welche Kraft sein gesamtes Leben und seinen Dienst antrieb und motivierte: Es ging ihm um die Auserwählten! Um derjenigen willen, die Gott erwählt hat, ist Paulus bereit, jeden Schmerz zu erdulden und einen beliebigen Preis zu bezahlen. Nicht anders als der Herr Jesus hat Paulus nicht die Welt im Blickpunkt, sondern diejenigen, die Gott prädestiniert hat, aus dieser Welt herausgenommen zu werden und durch den Glauben an Jesus Christus ins ewige Heil einzugehen. Nicht für irgendeine Nation und auch nicht für viele Nationen leidet Paulus. Er leidet nicht für die Belange der weltlichen Gesellschaft. Er leidet für die Sache des Volkes Gottes, des Leibes Jesu, der Gemeinde. Damit ist nicht gesagt, daß wir keinerlei Bürde oder Verantwortung für die Welt hätten. Selbstverständlich haben wir die. Doch es geht hier um die richtigen Prioritäten. Der Auftrag, den wir von Jesus bekommen haben, ist dieser:

> *Geht hin in die ganze Welt und predigt das Evangelium der ganzen Schöpfung. Wer gläubig geworden und getauft worden ist, wird errettet werden; wer aber nicht gläubig geworden ist, wird verdammt werden. – Mk. 16,15 f.*

Das ist eine klar umrissene Aufgabe. Nichts legt nahe, daß wir uns um die Errettung der ganzen Welt zu kümmern hätten. Wir sollen das Evangelium in aller Welt verbreiten. Wenn wir das tun, wird es Menschen geben, die glauben und errettet werden, doch ebenso solche, die nicht glauben und folglich verdammt werden. Dem Wort Gottes nach wird die letztgenannte Kategorie bei weitem größer sein als die erste. Jesus sagte:

> *Geht ein durch die enge Pforte; denn weit ist die Pforte und breit der Weg, der zum Verderben führt, und viele sind, die auf ihm hineingehen. Denn eng*

19

ist die Pforte und schmal der Weg, der zum Leben führt, und wenige sind, die ihn finden. – Mt. 7,13 f.

Zu glauben, daß die gesamte Menschheit errettet werden wird, ist ebenso illusionär wie die Vorstellung, daß sich in unserem Zeitalter ganze Nationen Gott zuwenden werden. Wir sollten das Ziel klar vor Augen haben, damit wir all unsere Bemühungen und Kräfte darauf konzentrieren, nach den Erwählten Ausschau zu halten und für sie zu arbeiten.

Damit sind wir dem Herzen des Herrn Jesus sehr nahe, betete er doch in Gethsemane – seinem letzten großen Gebet, bevor er ans Kreuz ging –:

> *Ich bitte für sie; nicht für die Welt bitte ich, sondern für die, welche du mir gegeben hast, denn sie sind dein* ... – Joh. 17,9

Und weiter, an späterer Stelle:

> *Aber nicht für diese allein bitte ich, sondern auch für die, welche durch ihr Wort an mich glauben, damit sie alle eins seien* ... – Vv. 20 f.

Ohne Zweifel hatte der sterbende Erlöser die Erwählten in Herz und Sinn, geschah doch das ganze Werk, das zu vollbringen er gekommen war, „um der Auserwählten willen".

Die Aufreibung der Heiligen

Es mag sein, daß wir uns – aus welchen Gründen auch immer – dieses zentralen Punktes im Heilsplan Gottes nicht bewußt sind. Der Teufel weiß auf jeden Fall darum. Sein Hauptangriffsziel sind die Erwählten, Gottes Volk, die Gemcinde Jesu. Von allem Anfang an war die Strategie des Feindes darauf gerichtet, alles in seiner Macht Stehende zu tun, um Gottes Plan für seine Auserwählten zu erschweren, zu verzögern und wenn möglich zu unterlaufen. Das schließt natürlich ein, daß er stets versucht, die Erwählten selbst kaputtzumachen.

Im Danielbuch, wo es um einen Typos der antichristlichen Zeit geht, auf den auch der Herr Jesus sich in Matthäus 24,15 bezieht, findet sich folgendes bemerkenswerte Wort über die Strategie des Antichristen:

> *Und er wird ... die Heiligen des Höchsten aufreiben ... – 7,25*

Mit anderen Worten: Der Teufel setzt alles daran, die Menschen, die zu Gott gehören, so mit Lasten zu überhäufen, daß sie völlig erschöpft werden und Gott nicht mehr dienen können. Dabei geht es nicht bloß um die Lasten der Furchtsamkeit, der Sünde und der Selbstverdammung, sondern auch um die vielen Verzettelungen. Wir laufen große Gefahr, uns in zahlreiche Aktivitäten zu verstricken, die an sich weder falsch noch schlecht sind, aber nicht mit Gottes Prioritäten übereinstimmen. Immer wieder haben Christen große Mühe damit, zu unterscheiden, was bloß gut und was Gottes Wille ist. Das kommt von unserer Neigung zu meinen, alles, was gut erscheint, müsse von Gott sein. Aus dieser Naivität zieht der Teufel Nutzen, indem er Gläubige in allerlei verschiedene religiöse Aktivitäten hineinzieht, die ihnen sämtliche Energie aussaugen. Mit dieser Methode kann er sie für die Dinge, die im Reich Gottes wirklich vorrangig sind, neutralisieren. Dieses Problem wird immer gravierender werden, je näher wir dem Ende kommen. Deswegen werden wir im Neuen Testament wieder und wieder zur Nüchternheit ermahnt.

> *Es ist aber nahe gekommen das Ende aller Dinge: Seid nun besonnen und seid nüchtern zum Gebet! –*
> *1. Pt. 4,7*

Dieses Wort macht deutlich, daß wir in der Endzeit mit erhöhter Gefahr konfrontiert sein werden, unser Gebetsleben nicht ernst zu nehmen. Sind wir erst einmal unfähig geworden, effektiv zu beten, so wird es schwer sein zu überwinden. Von jeher gehörte das Gebet zu den obersten Prioritäten im Leben eines Christen, und in der Endzeit wird es wichtiger denn je. Dem Feind gefällt es ausgesprochen gut, uns so schlapp und mit allen möglichen Dingen überlastet zu sehen, daß wir weder Zeit noch Kraft zum Beten aufzubringen vermögen.

1. Petrus 5,6-9 lehrt uns eine Menge über die Strategie des Feindes. Wir lesen, daß der Teufel wie ein brüllender Löwe umhergeht und sich umschaut, wen er verschlingen kann. Seine potentiellen Opfer stehen nicht mehr in der Welt, denn die Weltmenschen hat er sowieso in seiner Gewalt. Er sucht die, die er verschlingen kann, vielmehr unter dem Volk Gottes. Was „verschlingen" bedeutet, erklären die vorangehenden Verse. Da werden wir zu Nüchternheit und Wachsamkeit ermahnt, was impliziert, daß der Teufel uns irgendwie in einen Rauschzustand zu versetzen versucht, so daß wir nicht mehr Herren unserer Sinne sind. Das macht er mittels Sorgen. Deshalb werden wir ermahnt, all unsere Sorgen auf den Herrn zu werfen, da er für uns sorgt (V. 7). Der Teufel trachtet danach, uns durch Sorgen zu verschlingen, damit wir, überwunden durch Furchtsamkeit, Gottes Prioritäten nicht mehr wahrnehmen, geschweige denn uns für sie einsetzen können.

Interessanterweise warnt uns auch Jesus vor den Sorgen und Beschäftigungen des irdischen Lebens:

> *Hütet euch aber, daß eure Herzen nicht etwa beschwert werden durch Völlerei und Trunkenheit und Lebenssorgen und jener Tag plötzlich über euch hereinbricht. – Lk. 21,34*

Beachten Sie bitte, daß die „Lebenssorgen" auf eine Stufe gestellt werden mit Prasserei und Trunkenheit. Das alles führt zum selben Ergebnis: Wir haben uns nicht mehr im Griff, verlieren Orientierung und Zielrichtung – wie ein Betrunkener. Darum sind wir in diesen letzten Tagen zur Nüchternheit aufgerufen.

Ein nüchternes Endzeitbild

Angesichts der letzten Tage brauchen wir Nüchternheit und eine nüchterne Endzeitvision. Sonst werden wir uns selbst nicht angemessen vorbereiten können, und das könnte zu verheerenden Auswirkungen führen. Die letzten Tage werden eine Zeit großer Schläfrigkeit und geistlicher Unaufmerksamkeit sein. Deshalb verglich Jesus sie mit den Zeiten Noahs:

> *Aber wie die Tage Noahs waren, so wird auch die Ankunft des Sohnes des Menschen sein. Denn wie sie in den Tagen vor der Flut waren: sie aßen und tranken, sie heirateten und verheirateten, bis zu dem Tag, da Noah in die Arche ging, und sie es nicht erkannten, bis die Flut kam und alles wegraffte, so wird auch die Ankunft des Sohnes des Menschen sein. – Mt. 24,37 ff.*

Die Menschen waren vollkommen unwissend und gleichgültig gegenüber dem, was auf sie zukam – als wären sie in einem Rauschzustand. Sie waren völlig in Anspruch genommen von den Vergnügungen des Fleisches. Nur ein Mann, Noah, wußte, was geschehen würde. Deshalb konnte er Gottes Stimme hören. Er hörte sie, glaubte Gott und machte sich daran, für die kommende Flut Anstalten zu treffen. Als Gemeinde Gottes müssen wir unbedingt hören, „was der Geist den Gemeinden sagt". Nur so können wir uns auf die endzeitliche Schlacht einstellen. Ein großer Teil

23

der heutigen kirchlichen Szene erweckt den Eindruck, genauso wie Noahs Zeitgenossen von den täglichen Begehrlichkeiten eines fleischlichen Lebensstils aufgesogen zu werden. In hohem Maß konzentriert sich die Kirche heute auf Konsum und Ichbezogenheit – als dächten wir, unser Leben hier auf Erden höre niemals auf. Vielleicht ist das auch der Grund dafür, daß so wenig über die Wiederkunft Christi gesprochen wird. Vielerorts scheint sich das Volk Gottes der Nähe der Wiederkunft des Herrn überhaupt nicht bewußt zu sein. Wir müssen zur Nüchternheit zurückkehren und den Realitäten unserer Tage ins Gesicht sehen.

Eine nüchterne Endzeitvision haben meint, daß wir fähig werden, die Realitäten der Endzeitrede Jesu in Matthäus 24 ins Auge zu fassen und unsere phantasievollen Wunschträume fahren zu lassen. Und davon gibt es in der charismatischen Szene wahrlich nicht zu wenige – einige davon werden wir weiter hinten in diesem Buch behandeln. Zunächst einmal soll es darum gehen, daß wir einiges von der Handlungsweise Noahs lernen können, sind doch unsere Tage so wie die, in denen er lebte.

Noah baute eine Arche als sicheres Transportmittel aus einer sterbenden alten in eine neue Welt. Er mühte sich nicht ab, etwas für die Rettung seiner gegenwärtigen Umwelt zu tun, nachdem er von Gott gehört hatte, daß sie zum Untergang verdammt war. Vielmehr sah Noah seine Berufung darin, für jeden, der den Warnruf hören und mit hereinkommen würde, eine Rettungsarche bereitzustellen. Darin steckt eine deutliche Parallele zu unserer Situation in den letzten Tagen. Wie in den Tagen Noahs geht es auch in den Tagen vor der Wiederkunft des Sohnes des Menschen zu. Der zentrale Punkt ist nicht die Bewahrung der gegenwärtigen Weltordnung, denn wie in den Tagen Noahs ist Gott zu dem Urteil gelangt, daß sie untergehen und einer neuen Weltordnung Platz machen muß: dem Reich Gottes. Worum es wirklich geht, ist die Bereitstellung einer Rettungsmöglichkeit für jeden, der das Evangelium glaubt und annimmt.

Denjenigen, die der Meinung sind, Gott habe uns für diese letzten Tage den Auftrag erteilt, die gegenwärtige Gesellschaft zu reformieren oder zu christianisieren, bietet das Neue Testament keinerlei Anhalt. In 1. Korinther 7,31 stellt Paulus unzweifelhaft fest: „... denn die Gestalt dieser Welt vergeht", womit vom Grundtext her die gegenwärtige Ordnung der Dinge gemeint ist. So fest war Paulus davon überzeugt, daß die Welt von Gott längst zum Untergang verdammt ist, daß er mit diesem Argument jungen Gläubigen nahelegte, lieber zweimal zu überlegen, bevor sie eine Familie gründeten. Denn dann würden sie, so der Apostel, von den Bürden eines vergehenden Systems in Anspruch genommen werden.

Derselbe Gedanke hallt bei Johannes wider, wenn er schreibt:

> *Und die Welt vergeht und ihre Lust; wer aber den Willen Gottes tut, bleibt in Ewigkeit.* – 1. Joh. 2,17

In diesem Licht betrachtet liegt auf der Hand, daß all das Gerede über gesellschaftliche Reformen oder eine Christianisierung der Nationen nicht viel mehr ist als Wunschdenken. Ferner müssen wir in Betracht ziehen, daß die Bibel deutlich von einem antichristlichen Weltreich spricht, das sich in den letzten Tagen auf der Erde erheben wird. Dieses Imperium wird Satans letzter Versuch sein, die Nationen zu einer weltweiten Empörung gegen Gott und seinen Gesalbten zusammenzubringen. Es ist schon sehr merkwürdig, wenn in ebender Stunde, wo die Nationen gemäß biblischer Prophetie der Macht des Antichristen anheimfallen, gelehrt wird, unsere gegenwärtige Gesellschaft sei reformfähig und könne christliche Werte annehmen. Hört man in christlichen Kreisen Slogans wie *Die Nationen für Gott in Besitz nehmen!* oder *Unser Land wird errettet werden!*, geht man also davon aus, daß die Gemeinde Jesu in unseren Tagen fähig sein werde, die Welt zu erobern, so zeigt das deutlich, wie wenig wir vom Wort Gottes einerseits und von dem Weg, den die Welt einschlagen wird, andererseits begriffen haben. Sehr wohl können Einzelpersonen gerettet werden und werden auch gerettet, doch nirgendwo sagt die Bibel, daß wir die Welt einnehmen werden. Vielmehr wird es zugehen wie in den Tagen Noahs: Die Dinge werden immer schlimmer werden, bis das Gericht kommt.

In dem Bild, das Jesus in Matthäus 24 von der Welt und den Nationen zeichnet, stellt er uns nicht anheim, daß, wenn wir als seine Gemeinde uns nur besonders anstrengten, wir die Zeichen der Endzeit irgendwie ändern könnten. Nein, weltweite Irreführung, Kriege, ethnische Konflikte, Hungersnöte, Erdbeben und Verfolgung der Heiligen werden genauso ablaufen, wie Jesus sie beschrieben hat. Die Erschütterung der Nationen und der ganzen Schöpfung muß kommen; denn sie dient Gottes Zwecken für die Menschheit und die Erde. Weder plant noch wünscht Gott die jetzige Welt zu retten oder das gegenwärtige politische System bzw. die verschiedenen Systeme zu erhalten. Wie in den Tagen Noahs hat Gott sich entschlossen, die Welt loszuwerden und durch eine neue zu ersetzen: das Reich Gottes. Alle Wirren, die diese arme alte Welt in den letzten Tagen wird durchmachen müssen, werden dazu angetan sein, diesen einen Punkt unter Beweis zu stellen: daß eine Welt, die Gott, sein Wort und seinen Messias abgewiesen hat, niemals bestehen wird. Solch eine Welt gleicht der Generation, die sich anschickte, den Turm von Babel zu errichten: in eigener Stärke und ohne Gott. Gott blieb keine andere Wahl, als sie zu vernichten. Genausowenig hat Gott Platz für eine Gesellschaft, die ihm die kalte Schulter gezeigt hat und mittels ihrer eigenen humanistischen Kraft und Weisheit den Erfolg sucht. Solange wir als Volk Gottes der Meinung sind, irgend etwas tun zu können, um diese Welt zu bessern und womöglich zu retten, verschwenden wir nicht nur unsere Zeit und unsere Mittel, sondern arbeiten sogar gegen Gottes ureigene Zielsetzung an.

26

Worin besteht dann unsere Berufung als Gemeinde Jesu in den letzten Tagen? Es ist dieselbe wie in den Tagen Noahs: Wir müssen eine Rettungsarche bauen. Das heißt Arbeit für die neue Welt und Vorbereitung auf das kommende Königreich Gottes. Wir können dieser Welt Zeugnis sein, indem wir auf den alleinigen Weg der Rettung verweisen. Durch Buße und Glauben an den Sohn Gottes, Jesus Christus, der die Rettungsarche ist, können Menschen aus einer sterbenden Welt in das herrliche Königreich Gottes versetzt werden.

Kapitel 3

Die Ernte einbringen

Zentrum der Aufmerksamkeit Gottes und seines gesamten Werkes auf Erden sind die Erwählten. Dieser Ausdruck bezeichnet in der Bibel zwei besondere Gruppen von Menschen: die neutestamentliche Gemeinde und das Volk des Alten Bundes, den Überrest des jüdischen Volkes. Am Ende werden diese zwei zu einer einzigen Gruppe verschmelzen, denn Gott hat selbstverständlich nur ein Volk. Wir lesen in Römer 11,25 f.:

> *Verstockung ist Israel zum Teil widerfahren, bis die Vollzahl der Nationen hineingekommen sein wird; und so wird ganz Israel errettet werden ...*

Im weiteren Text spricht Paulus darüber, wie der Überrest Israels in den Neuen Bund einbezogen werden wird. Wir werden uns im vorliegenden Kapitel mit der „Vollzahl der Nationen" beschäftigen, mit der Einbringung der Ernte unter den Nationen in Gottes Königreich. Vom Griechischen her hat der Ausdruck „Vollzahl" an dieser Stelle sowohl eine numerische als auch eine qualitative Bedeutung. In letzterem Sinne meint er den geistlichen Reifezustand des Volkes Gottes.

Das große hohepriesterliche Gebet Jesu zeigt uns den Kern des Herzens Gottes. Das Gebet des Herrn dreht sich um ein einziges Thema: die Menschen, die der Vater ihm gegeben hat – jedoch nicht nur diejenigen, die ihm bereits gehören, „sondern auch ... die, welche durch ihr Wort an mich glauben" (Joh. 17,20). Damit meint er die gesamte Seelenernte aller Jahrhunderte vom Beginn der christlichen Kirche an.

Eine klare Bestätigung dieser Sicht findet sich in Matthäus 24,14:

> *Und dieses Evangelium des Reiches wird gepredigt werden auf dem ganzen Erdkreis, allen Nationen zu einem Zeugnis, und dann wird das Ende kommen.*

Wie die Zeitgenossen Noahs leben auch wir in der Endzeit – der Zeit der Ernteeinbringung und der Erfüllung des Missionsbefehls, der da lautet:

> *Geht nun hin und macht alle Nationen zu Jüngern, und tauft sie auf den Namen des Vaters und des Sohnes und des Heiligen Geistes, und lehrt sie alles zu bewahren, was ich euch geboten habe!* – Mt. 28,19 f.

In diesem Befehl Jesu gibt es ein paar Dinge, auf die wir achten und die wir präzise verstehen müssen.

Zunächst: Die Aufgabe ist klar definiert. Wir als Gemeinde Jesu sind in die Pflicht genommen, hinauszugehen und eine Ernte aus allen Nationen einzubringen. Für „Nationen" steht im Griechischen *ethne*, zu übersetzen mit „Volksgruppen" oder „Völker", nicht aber mit „Staaten". Staaten gibt es weltweit etwa 300, Volksgruppen aber ungefähr 12 000, von denen mindestens ein Drittel unerreicht ist, das heißt vom Evangelium Jesu Christi unberührt.

Ferner sind wir geheißen, aus „allen Nationen" Jünger zu machen. Im gegebenen Zusammenhang bedeutet das, aus allen Volksgruppen diejenigen herauszunehmen, die sich in die Nachfolge Christi rufen lassen. Der Text darf nicht dahin mißverstanden werden, daß ganze Nationen sich in die

Jüngerschaft rufen lassen werden. Er meint: Jünger machen aus den Volksgruppen aller Nationen. Das erhellt aus der Anweisung, daß diejenigen, die zu Jüngern gemacht worden sind, getauft werden sollen. Das können nur Individuen sein, da es unmöglich ist, ganze Nationen zu taufen, genausowenig wie man eine ganze Nation lehren kann, sich den Anweisungen Jesu zu fügen: Menschen, die nicht wiedergeboren sind, werden und können seine Gebote nicht halten, weil sie den Heiligen Geist nicht haben. Neutestamentliche Grundvoraussetzung dafür, daß jemand Gottes Gesetz halten kann, ist die persönliche Errettung. Ich möchte diesen Punkt ganz deutlich herausstreichen: Ich finde keinerlei biblischen Nachweis für die Auffassung, daß im gegenwärtigen Zeitalter ganze Nationen „gejüngert" oder errettet werden können. Die Idee der Christianisierung ganzer Nationen ist unbiblisches Wunschdenken. Es gibt einen Ort dafür, daß ganze Nationen sich der Herrschaft Gottes unterstellen, aber nicht im gegenwärtigen Heilszeitalter, sondern im künftigen Tausendjährigen Reich. Die Zukunft birgt diese Chance, verbunden mit der Wiederkunft des Herrschers aller Nationen und der Zeit, wenn er alle Macht und Autorität auf der Erde an sich ziehen und überall auf dem Planeten seine Regierung unangefochten sein wird. Doch selbst für das Tausendjährige Reich läßt sich kein biblischer Nachweis dafür führen, daß die Nationen im Königreich Gottes im evangelikalen Wortsinn „gerettet" sein werden. Um so entschiedener sollten wir theologische Modeströmungen wie die im angelsächsischen Raum verbreitete *Dominion-* oder *Kingdom-Now*-Theologie zurückweisen, die proklamieren, schon hier und heute könnten ganze Völker unter die direkte Herrschaft Gottes kommen. Solche Auswüchse menschlichen Wunschdenkens bringen nichts anderes hervor als enorme Zeit- und Kraftverschwendung und führen letztlich zu großer Verwirrung und tiefer Entmutigung im Volk Gottes.

Freilich ist die Idee, Nationen „christlich" zu machen, keineswegs neu. Ihre Wurzeln liegen im 4. Jahrhundert, der

Zeit Kaiser Konstantin des Großen, des Erfinders des Konzepts der Verschmelzung und Einswerdung von Staat und Kirche. Dieses Konzept ging weder zu seiner noch zu irgendeiner anderen geschichtlichen Zeit auf. Der Versuch, die Welt in ein Joch mit dem Reich Gottes zu spannen, führt regelmäßig dazu, daß die Welt die Oberhand gewinnt. Derlei Programme sind Ursprung vieler aggressiver, grausamer Strategien gewesen, das Christentum den Menschen mit Gewalt aufzuzwingen. Die Kreuzzüge sind nur eines von vielen Beispielen, die man hier nennen könnte. Wir sind nicht dazu da, irgendeine Nation für Gott zu gewinnen oder Gott zu unterwerfen. Wir sind dazu da, die Herausrufung der Erwählten aus jedem Stamm, jeder Sprachgruppe und jedem Volk zu vollenden. Wir sind dazu da, die Ernte in die Scheuern oder besser in die Arche einzufahren, bevor Gottes Zorngericht die Erde und die auf ihr wohnen treffen wird.

Gottes Reich bauen

Jesus hat gesagt, bevor das Ende komme, müsse das Evangelium des Reiches aller Welt gepredigt werden. Das Evangelium des Reiches: Das meint, es genügt nicht, wenn wir bloß die gute Nachricht von der Erlösung verkündigen. Das Reich müssen wir predigen, also daß Gott nicht nur möchte, daß die Menschen in den Himmel kommen, sondern unter die Herrschaft Christi, damit sie zu Untertanen des Königreiches umgeformt werden, deren Wesen und Lebensstil dem Reich gemäß sind. Darum hat die Erfüllung des Missionsauftrages mehr auf sich, als daß wir bloß durch die Nationen der Erde brausen und das Evangelium ausrufen. Gott möchte, daß unter allen Nationen ein Zeugnis aufgerichtet wird, ein lebendiges Zeichen für die rettende und verändernde Macht des Herrn Jesus Christus. Dieses Zeichen kann allein die Gemeinde sein, eine permanente prophetische Stimme und ein lebendiger Organismus, der der Welt den Weg zu Christus und ins Reich Gottes weist. Das einmütige Zeugnis der Gemeinde verkörpert und vergegenwärtigt die Lehren Christi. Jesus bezeichnete die Gemeinde als eine Stadt auf dem Berg, die nicht verborgen bleiben kann. Er nannte sie das Licht der Welt. Den Missionsauftrag vollenden heißt demgemäß, überall das Evangelium zu predigen und Gemeinden zu gründen, damit das Reich Gottes ständig weltweit in Fleisch und Blut vorgelebt wird.

Ferner soll dieses Zeugnis in allen Nationen aufgerichtet werden, bevor das Ende kommt. Das regt zu mancherlei Gedanken an. Als Vorlauf für das Kommen des Herrn müssen wir sicherstellen, daß das Evangelium in jeder einzelnen der 12 000 Volksgruppen solide verankert wird. Wir dürfen nicht länger, wie früher, auf unsere eigene Nation konzentriert bleiben und in ihr das Evangelium voranbringen. Und ganz gewiß dürfen wir nicht der Illusion anhängen, daß unser evangelistischer Dienst die gesamte Nation zu Christus führen könne. Was wir sicherstellen müssen, ist, daß in jedem Gemeinwesen unserer Nation ein lebendiges Christuszeugnis existiert. Doch genug ist das nicht. Wir müssen uns um die unerreichten Völker kümmern, damit auch unter ihnen das Evangelium des Reiches verankert wird. Solange wir bloß einen guten Querschnitt erlöster Seelen aus einigen der Nationen der Erde vorweisen können, wird das Ende nicht kommen. Wir müssen die Erwählten aus allen Nationen sammeln. Und solange die Nationen, unter denen es absolut kein Christuszeugnis gibt, in ihrer Anzahl noch vierstellig sind, müssen wir, wenn wir denn die Ankunft des Herrn beschleunigen wollen, es wagen, unsere Evangelisationsstrategie zu ändern. Ich zitiere Oswald Smith aus Toronto, einen der größten Missionare des 20. Jahrhunderts: „Es ist nicht fair, daß einige Länder das Evangelium zweimal gehört haben, solange es so viele gibt, die es noch nicht *einmal* hörten." Und das ist untertrieben. Es gibt Länder auf der Welt, die Hunderte von Malen das Evangelium gehört haben, während es nach wie vor ein paar tausend gibt, in denen es noch nicht ein einziges Mal erklungen ist. In der sogenannten christlichen Welt besitzen wir das Evangelium seit über tausend Jahren. Mir ist schon klar: Das bedeutet nicht, daß wir im vergangenen Jahrtausend immer wahre Verkündigung der guten Nachricht gehört hätten. Es heißt jedoch, daß wir zu jeder Zeit ein authentisches Zeugnis unter uns gehabt haben, mag es auch zeitweise verschwindend klein gewesen sein. Und wir hatten immer eine Kirche, mag sie auch von Zeit zu Zeit erbärmlich schwach dagestanden haben. Jetzt, wo wir in die letzten Tage eingetreten sind, müssen wir einsehen, daß es an der Zeit ist, der Erfüllung unserer großen Berufung unbestrittene Priorität einzuräumen, nämlich daß wir hinausgehen und das Evangelium unter den unerreichten Volksgruppen verankern, bevor wir zu Hause mit unserer Predigt fortfahren. Zumindest parallel sollte beides geschehen.

Dieser ganze Gedankengang ist natürlich mit der biblischen Lehre verknüpft, daß die Erwählten eine ausgesonderte Gruppe darstellen. Die Tatsache, daß das Wort Gottes davon spricht, Gott habe ein zur Erlösung prädestiniertes Volk, kann niemand bestreiten. Mag sein, daß uns dieser Gedanke nicht gefällt oder daß wir sogar anderer Auffassung sind als Gott – nichtsdestoweniger stellt das Neue Testament unmißverständlich klar, daß es eine Vorherbestimmung gibt. Es gibt eine bestimmte Anzahl von Erwählten, die noch ins Reich Gottes eingehen muß. Diese Anzahl ist mit dem Begriff der Vollzahl der Heiden gemeint. Bekannt ist diese Zahl jedoch nur Gott, und ihm hat es gefallen, sie uns nicht zu offenbaren. Darum müssen wir, bis Jesus kommt, weiterhin in aller Welt das Evangelium verkündigen.

Die Vollzahl der Heiden ist nicht allein ein quantitativer Begriff. Vom Griechischen her kann es auch „Reifezustand" heißen. Die Vollzahl, auf die wir hinarbeiten, ist nicht bloß eine numerische Kategorie, sondern meint auch Fülle geistlicher Reife. Das erhellt aus diversen biblischen Bezugnahmen auf die Endzeit wie z. B. Offenbarung 19,7:

Laßt uns fröhlich sein und jubeln und ihm die Ehre geben; denn die Hochzeit des Lammes ist gekommen, und sein Weib hat sich bereitgemacht.

„Sein Weib hat sich bereitgemacht": ein klarer Bezug auf geistliche Reife. Die Gemeinde wird Braut Christi genannt. Zur „Ehebeziehung" mit Christus muß sie zu echter geistlicher Reife gelangt sein. Im Epheserbrief finden wir denselben Gedanken ausgedrückt:

... wie auch der Christus die Gemeinde geliebt und sich selbst für sie hingegeben hat, um sie zu heiligen, sie reinigend durch das Wasserbad im Wort, damit er die Gemeinde sich selbst verherrlicht darstellte, die nicht Flecken oder Runzel oder etwas dergleichen habe, sondern daß sie heilig und tadellos sei. – 5,25 ff.

Soviel ist sicher: In dem Moment, wo der Herr Jesus als himmlischer Bräutigam zur Erde zurückkehrt, erwartet er die Gemeinde, seine Braut, bereit vorzufinden, sein herrliches Königtum mit ihm zu teilen. Das ist eine unermeßlich hohe Berufung, und sie erfordert vollkommene geistliche Reife. Ein Punkt, der zweifellos zur Reife der Braut gehört, ist das gesamte Thema der Einheit. Will die Gemeinde Herrlichkeitsgemeinde werden, so muß sie wirkliche Einheit erlangen. Hören wir noch einmal Jesu Worte über seine Brautgemeinde:

Und die Herrlichkeit, die du mir gegeben hast, habe ich ihnen gegeben, daß sie eins seien, wie wir eins sind – ich in ihnen und du in mir – daß sie in eins vollendet seien, damit die Welt erkenne, daß du mich gesandt ... hast. – Joh. 17,22 f.

Herrlichkeitsgemeinde: das muß Gemeinde in völliger Einheit sein. Ohne Einheit keine Herrlichkeit! Wenn Jesus zur

Erde zurückkehrt, möchte er eine herrliche Gemeinde empfangen, nicht einfach nur eine riesige Zahl bekehrter Menschen. Von daher hängt an der Ernte mehr, als daß weltweit Menschen zur Errettung kommen. Unsere Berufung geht auch dahin, an der geistlichen Fülle des Volkes Gottes zu arbeiten.

Das Wort Gottes handelt von der Einbringung der Ernte in der Endzeit. So heißt es in Matthäus 24:

> *Und dann wird das Zeichen des Menschensohnes am Himmel erscheinen, und dann werden alle Geschlechter der Erde wehklagen und werden den Menschensohn auf den Wolken des Himmels mit großer Macht und Herrlichkeit kommen sehen. Und er wird seine Engel unter lautem Posaunenschall aussenden, und sie werden seine Auserwählten von den vier Windrichtungen her versammeln, von dem einen Himmelsende bis zum andern. – Vv. 30 f. Menge*

Bei der Ankunft des Menschensohnes wird also eine Ernte, ein Zusammensammeln, der Auserwählten aus aller Welt stattfinden.

Das Augenmerk der Kirche muß in diesen letzten Tagen auf der Einbringung der Ernte ruhen. Jesus, das Haupt der Gemeinde, mahnt uns folgendermaßen:

> *Sagt ihr nicht: Es sind noch vier Monate, und die Ernte kommt? Siehe, ich sage euch: Hebt eure Augen auf und schaut die Felder an! Denn sie sind schon weiß zur Ernte. – Joh. 4,35*

Es ist an der Zeit, daß wir die Augen aufheben und eine Welt in den Blick bekommen, die wie ein weißes Erntefeld ist.

Doch Jesus gibt uns nicht nur eine Vision für die Ernte. Er hat auch einen Plan dafür, wie die Erwählten eingebracht werden sollen. Diesen Plan finden wir in Matthäus 9,36 ff. Das weiße Feld, das ist die Vielzahl der Menschen in Not. Jesus wurde von Mitleid bewegt, als er sie erschöpft und verschmachtet sah wie Schafe ohne Hirten. Angesichts der Massen armer, bedrängter und verwirrter Menschen auf der Welt, Menschen, die ohne irgendeinen Sinn, ohne Ziel ihr Leben fristen, fühlen wir uns oft entmutigt und wie gelähmt. Doch dieselben Massen sieht Jesus als reifes Erntefeld. Alle Unruhen und Umbrüche auf der Erde sind in seinen Augen willkommene Gelegenheiten, damit das Evangelium die Herzen ausgepumpter Menschen erreichen kann. Unzweifelhaft werden die Erschütterungen, die nach Matthäus 24 die Nationen heimsuchen und in den Herzen der Menschen Verunsicherung und Angst auslösen werden, sie zugleich dazu bringen, sich nach Gott auszustrecken; und im Ergebnis werden Scharen von Menschen ins Reich Gottes eingehen. Die Erkenntnis, daß alles, worauf sie in dieser Welt vertrauten, in Stücke fällt, wird mit einer Hinwendung zu geistlichen, ewigen Werten einhergehen. Daher kommt es, daß Jesu Reaktion auf den Anblick der verelendeten Massen weder negativ noch depressiv war. „Die Ernte ... ist groß", sagte er. Was er sah, war das große Potential, die Chance für das Evangelium. Er sah aber auch, wo in Wahrheit das Problem liegt: „Die Arbeiter aber sind wenige." Die Welt ist bereit für die Ernte, aber die Gemeinde nicht! Jesus benennt den Flaschenhals, der letztlich hauptverantwortlich dafür ist, daß sich die Vollendung des Missionsbefehls verzögert: Es gibt viel zu wenig Mitarbeiter, die bereit sind, sich als Missionare aussenden zu lassen, um den Nationen das Evangelium des Reiches zu bringen.

Die Arbeiter herausbeten

Was also ist zu tun? Sollten wir Arbeiter für die Ernte in Marsch setzen? Nein, denn die gewaltige Aufgabe wird nicht durch Heer oder Macht von Menschen erfüllt werden. Statt dessen sollten wir wie nie zuvor zum Herrn der Ernte beten, damit er Arbeiter in die Ernte sendet. Wir dürfen nie vergessen, daß keinerlei menschliche Anstrengung Gottes Werk in die Wege zu leiten vermag. Es wird nicht durch menschliche Vorkehrungen wie Managementmethoden, Geldmittel oder Technik geschehen. Gottes Werk braucht mehr als das. Zur Vollendung des Missionsauftrages bedarf es der Kraft Gottes. Darüber konnte es noch nie Zweifel geben. Jesus wollte nicht, daß sich seine Jünger auf der Stelle in die Evangelisation stürzten. Er trug ihnen auf, in Jerusalem zu warten, bis sie gemäß der Verheißung des Vaters mit Kraft aus der Höhe angetan sein würden:

Aber ihr werdet Kraft empfangen, wenn der Heilige Geist auf euch gekommen ist; und ihr werdet meine Zeugen sein, sowohl in Jerusalem als auch in ganz Judäa und Samaria und bis an das Ende der Erde. – Apg. 1,8

Die frühe Christenheit verfügte über keine unserer modernen Organisations- oder Kommunikationstechnologien. Sie besaß weder Printmedien noch Geldmittel, weder satellitengestütztes Fernsehen noch Videokameras. Dennoch schaffte es die frühe Kirche in hundert Jahren, die gesamte antike Welt zu evangelisieren. Was diese Christen hatten, war die Kraft des Heiligen Geistes. Sie ist das, was auch wir heute am allermeisten brauchen. Wir müssen erkennen, daß der Herr Herr der Ernte ist. Er besitzt einen perfekten Plan für ihre Einbringung. Viel besser als wir weiß er, wie die Aufgabe zu erfüllen ist. Was wir tun müssen, ist, im Gebet sein Angesicht zu suchen, damit er uns seinen Plan offenbaren und seinen Geist über die Kirche ausgießen kann. Dann wird er Arbeiter herausrufen, sie mit der Kraft des Geistes salben und ausstatten, hinzugehen und den Missionsbefehl zu vollenden, indem sie die Ernte der Erwählten einbringen.

Kapitel 4

Verführung ... weltweit

In Matthäus 24 möchte Jesus seine Jünger vor der weitreichenden Verführung der Endzeit warnen. In nicht weniger als fünf Versen dieses Kapitels nimmt Jesus Bezug auf das Thema Verführung. Ja, er erwähnt diesen Punkt sogar als allerersten, als er auf die Frage der Jünger nach den letzten Tagen antwortet. Daraus können wir schließen, daß Verführung eines der Hauptprobleme der Kirche in diesen letzten Tagen sein muß. Im Licht dieser Erkenntnis ist es schlicht unglaublich, daß manche Christen diesem Problem anscheinend nicht die geringste Aufmerksamkeit widmen – als dächten sie, verführt zu werden sei eine geradezu abseitige, völlig unwahrscheinliche Sache. Dabei gibt sich Jesus solche Mühe, uns zu warnen!

Daß die Gefahr der Verführung in der Endzeit so groß wird, hat schlicht und einfach damit zu tun, daß Satan sich in den letzten Tagen mehr anstrengt denn je zuvor. Darum warnt eine Engelsstimme vom Himmel die auf der Erde Wohnenden:

> *Wehe der Erde und dem Meer! Denn der Teufel ist zu euch hinabgekommen und hat große Wut, da er weiß, daß er nur eine kurze Zeit hat.* – Offb. 12,12

Was dem Teufel offenbar sehr bewußt ist, davon nehmen viele Christen allem Anschein nach nicht einmal Notiz. Im unmittelbaren Zusammenhang des eben angeführten Verses wird Satan bezeichnet als

*die alte Schlange, der Teufel und Satan genannt
wird, der den ganzen Erdkreis verführt* (V. 9).

Mir scheint, Verführung wird der hervorstechendste Zug der
satanischen Endzeit-Tätigkeit sein. Mehr als alles andere
wird er in den letzten Tagen als „der den ganzen Erdkreis
verführt" auftreten. Verführer der ganzen Erde – das könnte
man geradezu seinen endzeitlichen Titel nennen. Wenn nun
aber der Teufel seine verführerischen Geister gegen die Gemeinde Jesu in Stellung bringt, mag man es kaum glauben,
wenn manche geistlichen Leiter hinausposaunen, es gebe
keinerlei Anlaß zur Besorgnis. Wer sagt, man müsse Verführung nicht fürchten, behauptet daß Gläubige *per defi-
nitionem* geistlicher Verführung gegenüber völlig immun
seien. Das ist aberwitzig und steht im Widerspruch zu den
warnenden Worten des Herrn Jesus, des Hauptes der Gemeinde. Verführt zu werden ist nicht nur sehr wohl möglich,
sondern sogar einigermaßen wahrscheinlich. Ja, setzte Gott
der satanischen Offensive nicht ein zeitliches Limit, so würden wir am Ende wohl samt und sonders abgeirrt sein
(Mt. 24,22 ff.).
In Matthäus 24,4 lesen wir die Warnung Jesu:

Seht zu, daß euch niemand verführe!

Ist das nicht eine deutliche Mahnung, diese Angelegenheit
nicht auf die leichte Schulter zu nehmen oder zu denken,
uns könne sowieso nichts passieren? Es gibt eine andere
zweifelhafte Theologenposition, nach der wir mehr Gottes
Fähigkeit, uns zu segnen, trauen sollten als Satans Fähigkeit,
uns zu verführen. Folglich sollten wir, und tauchten wir auch
in die Welt der Geister ein, keinerlei Angst vor Verführung
haben. Doch Verführung hat gar nichts mit Gottes bzw. Satans Fähigkeiten zu tun. Ihre Wurzeln liegen ganz woanders,
nämlich im Wesen des gefallenen Menschen. Die Schrift
sagt, das Herz des Menschen ist verdorben. In jedem von

uns ist Raum zu sündigen und sich verführen zu lassen; und selbst wenn wir es vermögen, Gott und nicht dem Teufel zu vertrauen, wissen wir doch, daß wir uns selbst niemals trauen können. Darum müssen wir fortwährend wachsam sein und guten Abstand zum Verführer der ganzen Welt halten.

Die „Gesalbten"

In Matthäus 24,5 fährt Jesus fort:

> *Denn viele werden unter meinem Namen kommen und sagen:* Ich *bin der Christus! Und sie werden viele verführen.*

Wie ist das zu verstehen? Damit kann nicht gemeint sein, daß Gottes Volk durch irgendeinen Menschen, der behauptet, Christus zu sein, in die Irre geführt werden wird. So leicht kriechen wir ja niemandem auf den Leim! Der springende Punkt ist, daß wir die hebräische Version des Namens Christus bzw. des Messiastitels begreifen. Im Hebräischen bedeutet sowohl „Christus" als auch „Messias" „der Gesalbte". Es werden kaum viele auftreten, die sich selbst als Christus oder den Messias ausgeben, denn jeder, der das täte, würde vom Volk Gottes in Bausch und Bogen zurückgewiesen werden. Tritt aber irgend jemand unter Gottes Volk mit der Behauptung auf, eine besondere Salbung zu besitzen, so werden ihm viele Gläubige nur allzu bereitwillig folgen. Das geschieht ja schon allenthalben. Es gibt wahrlich nicht wenige, die als besonders Gesalbte im Leib Jesu Furore machen. Freilich gibt es Menschen mit einer echten Salbung, nur machen die gewöhnlich kein Aufsehen davon. Wenn wir aber mit solchen zu tun haben, die per Werbekampagne ihren eigenen Dienst anpreisen und spezielle Salbung für sich in Anspruch nehmen, sollten wir äußerst vorsichtig sein. Solche Leute machen Gebrauch vom Namen des Herrn und stellen sich selbst als besonders Gesalbte dar. Diese sich selbst anpreisenden und glorifizierenden Personen sind falsche Arbeiter, die zwar im Namen des Herrn auftreten, tatsächlich aber viele in die Irre leiten. Im großen und ganzen ist all das Gerede über Salbung in charismatischen Kreisen nicht nur als Überbetonung, gemessen am biblischen Befund, zu werten, sondern hat auch den Hang, die Aufmerksamkeit der Leute vom Herrn weg auf bestimmte Personen zu lenken. Jesus warnt uns, daß wir es in den letzten Tagen mit zahlreichen vermeintlich Gesalbten zu tun bekommen werden, die etliche von der Wahrheit ablenken.

Ferner warnt er uns vor falschen Propheten in großer Zahl, die aufstehen und viele verführen werden (V. 11). Wie definiert die Bibel einen falschen Propheten? Das ist jemand, der nach seinem eigenen Gutdünken weissagt, obwohl er keine Botschaft von Gott empfangen hat, und dabei, indem er sagt: „So spricht der Herr!", den Namen des Herrn mißbraucht. Im Hinblick auf solche Leute sagt Gottes Wort in Jeremia 14,14:

> *Die Propheten weissagen Lügen in meinem Namen. Ich habe sie nicht gesandt und sie nicht beauftragt – auch nicht zu ihnen geredet. Sie weissagen euch Lügengesicht, Wahrsagerei, Nichtiges und den Trug ihres Herzens.*

Wer weissagt, muß in Übereinstimmung mit Gottes Wort weissagen; denn Gottes Wort enthält alles, was Gott gesagt hat und heute sagen will. Finden die Worte eines Propheten keine biblische Bestätigung, so ist er weder ein Gesandter noch ein Beauftragter des Herrn, sondern jemand, der nichts als seine eigenen Ideen „weissagt".

Die Wahrhaftigkeit eines Propheten erweist sich auch daran, ob seine Weissagungen eintreffen oder nicht. Jeremia 28,9 bringt dieses Kriterium folgendermaßen zum Ausdruck:

Der Prophet, der von Frieden weissagt, wird dadurch, daß das Wort des Propheten eintrifft, als der Prophet erkannt, den der HERR in Wahrheit gesandt hat.

Es ist zwar traurig, muß aber gesagt werden: Wenn Menschen die verschiedensten Prophezeiungen zum besten geben, manchmal sogar unter Angabe von Fristen, ohne daß das Geweissagte jemals eintrifft, dann haben wir es mit falschen Propheten zu tun. Das sollte in uns Gottesfurcht wecken und uns um so wachsamer machen, daß wir sichergehen, vom Herrn empfangen zu haben, bevor wir irgend etwas prophetisch äußern. Im Namen des Herrn zu reden ist etwas sehr Ernstes. Eben deshalb fordert uns die Schrift wieder und wieder auf, prophetisches Reden stets zu prüfen (1. Kor. 14,29).

Falsche Zeichen und Wunder

Im schon mehrfach zitierten Endzeit-Gedankengang von Matthäus 24 sagt Jesus auch folgenden Satz:

Denn es werden falsche Christusse und falsche Propheten aufstehen und werden große Zeichen und Wunder tun, um, wenn möglich, auch die Auserwählten zu verführen. – V. 24

Die falschen Christusse und Propheten hätten niemals so viel Erfolg, könnten sie nicht große Zeichen und Wunder vorweisen. Und da wir in einer Zeit leben, in der man in charismatischen Kreisen auf Kraftwirkungen aus ist, wird diese Welle der Verführung viele irremachen und auf Abwege bringen. Zu lange hat die charismatische Christenheit die äußeren Manifestationen des Glaubens in den Mittelpunkt gestellt und sich mit viel zu seichter biblischer Erkenntnis zufriedengegeben. Man ist sich noch nicht einmal der Tatsache bewußt, daß der Teufel ebensogut wie Gott Zeichen und Wunder vollbringen kann. In dieser Naivität nimmt man beinah jede übernatürliche Manifestation als göttlich an und weigert sich geradezu, die Dinge zu prüfen. Mit dieser Haltung sind viele dazu verurteilt, den Listen und Täuschungsmanövern des Feindes auf den Leim zu gehen.

Es ist gesicherte biblische Erkenntnis, daß Menschen ohne weiteres Zeichen und Wunder vollführen können, ohne irgend etwas mit Gott zu tun zu haben. Das bestätigt Jesus in Matthäus 7,22 f.:

> *Viele werden an jenem Tage zu mir sagen: Herr, Herr! Haben wir nicht durch deinen Namen geweissagt und durch deinen Namen Dämonen ausgetrieben und durch deinen Namen viele Wunderwerke getan? Und dann werde ich ihnen bekennen: Ich habe euch niemals gekannt. Weicht von mir, ihr Übeltäter!*

Was diese Menschen getan haben, wird der Herr stehen lassen, sogar, daß sie in seinem Namen aufgetreten sind. Nur wird er sie niemals in sein Reich einlassen. Sie werden mitsamt ihren Zeichen und Wundern als übel gebrandmarkt. Der Grund dafür wird im vorangehenden Vers ausgesagt: Sie lebten nicht im Willen Gottes. Wenn wir als Gottes Volk uns äußere Manifestationen, Zeichen und Wunder, gefallen lassen, ohne nach dem Charakter derer zu fragen, die sie vollbringen, laufen wir Gefahr, irregeleitet zu werden.

Exakt dieses Phänomen beschreibt das Neue Testament als „Zeichen und Wunder der Lüge" (2. Thess. 2,9). Angesichts des Prädikats „lügenhaft" müssen diese Zeichen und Wunder unwirklich sein. Sie erscheinen wundersam, sind aber nichts als Schall und Rauch. Wie bei Zauberkünstlern scheint etwas zu passieren, doch in Wirklichkeit ist es ein einziger Bluff – wir stehen vor „Wundern der Lüge". Es ist unglaublich, wie oft Christen alles und jedes akzeptieren, was auf Bühnen und Podien abläuft, ohne je zu überprüfen, ob das, was behauptet wurde, auch tatsächlich geschehen ist. So können diese falschen Christusse und Propheten unbehelligt Gottes Volk an der Nase herumführen, ohne je entlarvt zu werden. Diese Art von Verführung leitet viele Gläubige deshalb irre, weil ihnen nichts an der Wahrheit liegt. Sie halten sich gar nicht erst damit auf, herauszufinden oder zu prüfen, ob die behaupteten Wunder echt waren, d. h. tatsächlich passierten. Diese bedauerliche, ja tragische Haltung nehmen Menschen deshalb ein, weil sie positiv denken und nicht in Frage stellen wollen, was sie selbst bezeugen. Unsere Überbetonung der Liebe hat uns von kompromißloser Wahrhaftigkeit abgebracht. Liebe ohne Wahrheit gleicht einem Körper ohne Knochen, während Wahrheit ohne Liebe wie ein Gerippe ohne einen Körper ist. Die Leute scheuen sich so, die Geister zu prüfen, weil sie nicht negativ-kritisch erscheinen wollen. Doch wenn wir nicht für die Wahrheit aufstehen, der Wahrheit das Wort reden und wo nötig auch für die Wahrheit leiden, sind wir letztlich wehrlos der Verführung ausgeliefert.

Geister der Gesetzlichkeit

In den letzten Tagen wird Satan all seine religiösen Geister gegen die Gemeinde aufbieten, um sie von der im Wort Gottes verbürgten Wahrheit abzubringen. Das Gefährliche daran ist, daß man Satans Werk nur sehr schwer vom Werk Gottes unterscheiden kann. Deshalb werden Christen so leicht verführt. Wenn Satan in der Gemeinde wirkt, erscheint er wie einer von uns. Paulus sagt, er vermag sich in einen Engel des Lichts zu verwandeln. Wir würden ihn leichter erkennen, käme er in Gestalt eines Monsters mit langem Schwanz und Hörnern am Kopf. Gelingt es ihm nicht, uns zu schierer Sünde zu verleiten, so wird er versuchen, uns auf

44

der anderen Seite vom Pferd zu schubsen. Wir werden dann heiliger sein wollen als Gott selbst, mit einem Wort: Wir werden gesetzlich. Hören wir auf die Worte des Paulus aus 1. Timotheus 4,1-4:

> *Der Geist aber sagt ausdrücklich, daß in späteren Zeiten manche vom Glauben abfallen werden, indem sie auf betrügerische Geister und Lehren von Dämonen achten, durch die Heuchelei von Lügenrednern, die in ihrem eigenen Gewissen gebrandmarkt sind, die verbieten, zu heiraten, und gebieten, sich von Speisen zu enthalten, die Gott geschaffen hat zur Annahme mit Danksagung für die, welche glauben und die Wahrheit erkennen. Denn jedes Geschöpf Gottes ist gut und nichts verwerflich, wenn es mit Danksagung genommen wird; denn es wird geheiligt durch Gottes Wort und durch Gebet.*

Wie bereits gesagt: wenn es dem Teufel nicht gelingt, uns zum Mißbrauch der göttlichen Gaben Sexualität und Nahrung zu verführen, wird er versuchen, uns diese Gaben als vollkommen sündhaft zu verleiden und uns von der Notwendigkeit zu überzeugen, ihrer total zu entsagen. Derlei Meinungen kommen laut Paulus von betrügerischen Geistern und dämonischen Lehren. Sie zielen darauf, daß wir vom Glauben abfallen, indem wir unser Christsein in einem selbstgemachten religiösen Regelwerk verankern. Paulus sagt nicht, daß Menschen, die sich in derlei Lehren verfangen, des Heils verlustig gehen – obgleich das am Ende für manche von ihnen herauskommen mag –, er betont aber, daß sie die Grundlage des Glaubens verlassen. Sie stehen nicht mehr im Glauben an das, was Gott in seinem Erlösungswerk für sie getan hat, sondern denken, ihre Gottesbeziehung hänge von ihrem Vermögen ab, diese und jene Regel einzuhalten. Und wenn wir uns unters Gesetz stellen, stellen wir uns zugleich unter den Fluch des Gesetzes.

45

Denn alle, die aus Gesetzeswerken sind, die sind unter dem Fluch; denn es steht geschrieben: „Verflucht ist jeder, der nicht bleibt in allem, was im Buch des Gesetzes geschrieben ist, um es zu tun!" – Gal. 3,10

Es steht außer Zweifel, daß niemand das ganze Gesetz halten kann. Folgerichtig wird Gesetzlichkeit einen Fluch über uns bringen, der unsere Beziehung zum Herrn ruinieren wird.

Der Feind weiß darum, deshalb versucht er uns zur Gesetzlichkeit zu verleiten. Wenn er Ehen nicht zerstören kann – was er gewiß zu tun trachtet –, dann bringt er die Ehe an sich in Mißkredit und stellt Heiraten als unheilig hin. Manche Gläubigen haben die Gnadengabe der Ehelosigkeit empfangen, doch selbst für sie kann der Zölibat zu einer dämonischen Bindung werden, die schließlich ihren Glauben zerstört. Ein Gesetz, das irgend etwas verbietet, was Gott geschaffen hat, ist eine dämonische Lehre. Doch die Menschen glauben allzuleicht, so eine Idee stamme von Gott, erscheint es doch als ein heiliges Opfer, sich einiger schöner Dinge des Lebens zu enthalten. Leute, die sich bestimmte Nahrungsmittel und Getränke versagen, werden als solche geachtet, die in besonderem Maße nach Reinheit und Heiligkeit streben oder bereits ein höheres Maß an Heiligkeit besitzen. Genau hier liegt der Betrug. Hinter solchen Extremen stecken immer dämonische Mächte. In Kolosser 2 zeigt Paulus Gesetzlichkeit als von „Gewalten und Mächten" initiiert auf. Speziell auf diese dämonischen Potenzen bezieht sich Paulus mit der großartigen Feststellung, daß Jesus am Kreuz „die Gewalten und die Mächte völlig entwaffnet" hat. Dieser Aussage von Jesu Sieg über die Finsternismächte am Kreuz fügt der Apostel an:

So richte euch nun niemand wegen Speise oder Trank oder betreffs eines Festes oder Neumondes oder Sabbats ... – V. 16

Der Feind versucht uns in diesem Bereich zu binden, indem er verlangt:

Berühre nicht, koste nicht, betaste nicht! – V. 21

Schließlich kommt Paulus zu folgendem vielsagenden Schluß:

Es sind nur Gebote und Lehren von Menschen, haben freilich einen Schein von Weisheit in selbstgewähltem Gottesdienst und Leibeskasteiung, sind jedoch wertlos und dienen zur Befriedigung des Fleisches. – V. 23 Schlachter

Deswegen sind wir verführbar. Es schaut so gut und richtig, so heilig und rein aus und hat doch keinerlei geistlichen Wert; und diejenigen, die dieser Täuschung anheimfallen, werden absolut wertlos für Gottes Zwecke in diesen letzten Tagen. Und genau darum geht es diesen verführerischen Geistern.

Wahrheit oder Fabeln?

Einen letzten Bereich endzeitlicher Verführung finden wir in 2. Timotheus 4:

Denn es wird eine Zeit sein, da sie die gesunde Lehre nicht ertragen, sondern nach ihren eigenen Begierden sich selbst Lehrer aufhäufen werden, weil es ihnen in den Ohren kitzelt; und sie werden die Ohren von der Wahrheit abkehren und sich zu den Fabeln hinwenden. – Vv. 3 f.

Diese Worte schreibt der Apostel im Zusammenhang des nahen Kommens des Herrn Jesus (vgl. V. 1), so daß wir davon ausgehen können, daß die Zeit, die Paulus hier prophetisch voraussieht, die Endzeit ist. In den letzten Tagen werden die Menschen nicht willens sein, „die heilsame Lehre" – so die 1984er Lutherbibel – zu ertragen. Die Leute – und zwar gläubige Leute – werden sich nicht mehr um die Wahrheit scheren. Die Ohren werden ihnen jucken; sie werden das hören wollen, wonach sie begierig sind. Die Wahrheit ist nicht lustvoll – sie stellt Forderungen und fügt oft Schmerz zu. Das wollen die Menschen nicht; sie verlangen nach Erregendem, Sensationellem, nach etwas, das ihre Gefühle befriedigt. Damit kann die Wahrheit nicht dienen, also öffnen die Menschen ihre Ohren für das, was Paulus „Fabeln" nennt, „törichte Lügengeschichten", wie Ludwig Thimme übersetzt – mit anderen Worten: etwas Unwirkliches, das aus der mystischen Welt der Geister stammt. Sagen wir es geradeheraus: Sie öffnen sich okkulten Inhalten! Nirgendwohin als in okkulte Gefilde geraten Menschen nämlich, die sich den „Fabeln" verschreiben, von Menschen erdachten Fiktionen ohne Wirklichkeitsbezug, aber mit direktem Draht zur Welt der Geister. „Fabeln" sind Phantastereien, Ausfluß der unglaublichen Imaginationsfähigkeit des Menschen. Scharenweise sind religiöse Geister in diesen letzten Tagen ausgeschwärmt, um Gottes Volk in mystisch-geistliche Abenteuer aller Art einzuspinnen. Das alles geht nur, weil Christen sich von der Wahrheit abgewandt und ihren eigenen selbstsüchtigen Wünschen den Vorzug gegeben haben. Gottes Volk scheint bereit zu sein, beinah jede Art geistlicher Erfahrung stehenzulassen, ohne daß irgendeine Prüfung erfolgt, zu der uns Gottes Wort auffordert. So werden in den letzten Tagen unseres Zeitalters Massen von Christen verführt und verdorben werden.

Siehe, ich habe es euch vorhergesagt. – Mt. 24,25

Wir sollten auf die ernste Warnung des Herrn achtgeben!

48

Kapitel 5

Nation wird sich gegen Nation erheben

Nach meiner Überzeugung ist dieser Satz aus der großen Endzeitrede Jesu in Matthäus 24 eine prägnante Beschreibung der heutigen internationalen Lage. Das dämonische Monster des Rassismus, Nationalismus und Antisemitismus, das an der verheerenden Tragödie zweier Weltkriege in unserem Jahrhundert schuld ist, zeigt aufs neue sein widerwärtiges Antlitz. Die Welt erleidet eine Wiederbelebung von Rassismus und Völkerhaß.

Für „Nation" steht im Griechischen, wie wir bereits sahen, der Ausdruck *ethnos*, der eine Gruppe von Menschen völkischer Zusammengehörigkeit meint. Wenn wir uns heute in der Welt umschauen, sehen wir doch genau das, was Jesus sagt: Eine ethnische Gruppe erhebt sich gegen die andere. Tatsächlich vollzieht sich auf der Weltbühne wie nie zuvor eines der wesentlichen Zeichen der letzten Tage. In Europa liegt das auf der Hand. Nach dem Zusammenbruch des Kommunismus, dessen Knute wohl vorher für Ruhe sorgte, erweckt der Osten Europas den Eindruck eines einzigen Schlachtfeldes ethnischer Auseinandersetzungen. Russen und Ukrainer erheben sich gegeneinander. Die baltischen Völker erheben sich gegen die Russen; Serben und Kroaten hassen einander. Die Slowaken fühlen sich durch die Tschechen eingeschüchtert, und in Rumänien flammt der jahrhundertealte Haß gegen die Ungarn erneut auf.

Doch auch in Westeuropa zeigen sich Anzeichen. In Italien genießt die alte faschistische Partei wachsenden Wählerzuspruch. Der Führer dieser wiederbelebten „Mussolini-Partei" hat offen verkündet, Mussolini sei der größte italienische Staatsmann dieses Jahrhunderts gewesen. In Österreich erzielt die rechtsgerichtete Freiheitliche Partei 25 Prozent der Wählerstimmen. Auch in Spanien bläst den Neofaschisten frischer Wind in die Segel; erst kürzlich haben sie die sozialistische Regierung in erhebliche Unruhe versetzt. Ähnlichen Aufschwung erleben die Parteien der extremen Rechten in Frankreich. Zweifelsohne erhebt sich Nation gegen Nation. In so gut wie jeder Nation beobachten wir eine Wiederbelebung nationalistischer Tendenzen, und ethnischen Minderheiten bläst der Wind ins Gesicht. Als jemand, der jahrelang in Deutschland gelebt hat, halte ich diese neuerlichen Anzeichen für ausgesprochen gefährlich. Mögen sie gegenwärtig auch noch so geringfügig und unwichtig erscheinen – wir sollten unbedingt im Gebet wachen und diese Mächte geistlich bekriegen.

Mir scheint, ich habe die Tiefen dieses Übels ausgelotet, indem ich mich in die Geschehnisse vertieft habe, die sich hier in Deutschland während des Zweiten Weltkrieges zutrugen. Rassismus und Antisemitismus kosteten sechs Millionen Juden und weiteren Millionen aus anderen Völkern, vor allem den slawischen, das Leben. Ein Besuch im ehemaligen Konzentrationslager Auschwitz, den ich gemeinsam mit meiner Frau unternommen habe, hat mich restlos davon überzeugt, wie gefährlich es ist, rassistische Symptome geringzuschätzen, mögen sie auch noch so nebensächlich erscheinen.

Unser Auschwitz-Besuch befestigte etwas in meinem Herzen, das mit den gegenwärtigen Weltentwicklungen zu tun hat. Es erübrigt sich zu sagen, daß wir zutiefst bewegt, schockiert und am Boden zerstört waren, während wir einen ganzen Tag lang die Anlagen dieses Todeslagers durchstreiften. Ich erspare meinen Lesern irgendwelche Details.

Beinah zwei Tage verbrachte ich in diesem Vorhof der Hölle und konnte bei mir selbst nur immer wieder sagen: „Das ist dämonisch!" und: „Herr, erbarme dich unser!" Während des ganzen Besuchs verspürte ich, daß dies etwas absolut Einmaliges in der Geschichte war. Die Geschichte des Krieges kennt eine Menge Verbrechen, darunter die Mißhandlung und Tötung von Kriegsgefangenen. Doch der Holocaust war etwas, was über all diese Verbrechen weit hinausging. Er ist eine Kategorie für sich allein. In Auschwitz schufen die Nazis eine gewaltige Todesfabrik, dafür konzipiert, das gesamte jüdische Volk auszulöschen. Ja, mehr noch: Dieser Versuch der Auslöschung einer ganzen Rasse war offizielle Politik eines legitimen Staates, durch seinen Führer Adolf Hitler offen proklamiert. Das ist etwas Singuläres in der Geschichte. Das viele Menschenhaar, die zahllosen Brillen, Schuhe und Koffer, die noch heute in den Ausstellungsbaracken von Auschwitz gezeigt werden, waren dazu bestimmt, ins Reich spediert zu werden, um der deutschen Kriegswirtschaft von Nutzen zu sein. Diese Überreste sind stumme Zeugen der Tatsache, daß hier der entschlossene, durchgeplante Versuch unternommen wurde, eine ganze Rasse zu ermorden. Bosheit von solchem Ausmaß kann ihre Wurzeln nicht in einem Menschen haben. Sie muß das Werk dämonischer Mächte sein, ja des Teufels persönlich. Das Allerunglaublichste daran ist, daß diese Taten von unfaßbarer Bosheit durch Menschen ausgeübt wurden, die zum gebildetsten, aufgeklärtesten und zivilisiertesten Volk der Welt, dem deutschen, gehörten. Das beweist nur um so mehr, daß wir es hier mit dem Werk einer der ältesten und mächtigsten dämonischen Gewalten in der Welt zu tun haben: der des Antisemitismus. Es gibt Leute, unter ihnen sogar Christen, die meinen, so etwas könne nie wieder passieren. Dazu möchte ich sagen: nicht nur, daß es wieder passieren *könnte* – es *wird* sogar aller Wahrscheinlichkeit nach erneut passieren! Die Macht des Rassismus und Antisemitismus ist alles andere als tot, und wenn Satan in den letzten Tagen seinen ganzen Haß gegen das jüdische Volk freisetzt, werden wir erneut weltweiten Antisemitismus mit schweren Folgen für das jüdische Volk erleben. Deshalb können wir es uns nicht erlauben, auch nur das geringste Anzeichen eines Wiedererwachens dieser uralten Dämonen zu ignorieren. Ohne Zweifel konnte der Holocaust nur deshalb so verheerend wüten, weil die christliche Gemeinde es an Wachsamkeit und Gebet ermangeln ließ. Als Adolf Hitler die deutsche politische Bühne betrat, vermochte die Kirche nicht klar zu erkennen, was da heranwuchs. Nach meiner Überzeugung beruhte das Versagen der Kirche hauptsächlich auf zwei Faktoren. Der eine war die sogenannte Berliner Erklärung, in der führende Vertreter des volkskirchlichen Pietismus die Pfingstbewegung verdammten, indem sie sie für satanisch erklärten. Eine derartige Verletzung der Bruderliebe, durch die ein Teil des Leibes Christi abgeschnitten wurde, muß den Heiligen Geist so tief betrübt haben, daß er sein Leben und seine Kraft vom deutschen Protestantismus zurückzog. Soweit ich sehe, waren viele in den deutschen Kirchen blind und völlig unfähig, die satanischen Mächte auszumachen, die hinter dem Nazismus standen.

Verrat am Wort Gottes

Der zweite ursächliche Faktor war die liberale Theologie, die sich längst im deutschen Luthertum breitgemacht hatte. In den zwanziger Jahren vertraten liberale Theologen die Idee, das Alte Testament sei nicht inspiriertes Wort Gottes, sondern bloß ein jüdisches Geschichtsbuch samt einer Sammlung erhebender Poesie und faszinierender Mythen. Diese Sichtweise setzte sich in weiten Kreisen durch (und wird bedauerlicherweise auch heute noch von vielen vertreten) und bildete den Hintergrund dafür, daß man die göttliche Erwählung und Berufung des jüdischen Volkes aus den Augen verlor. Später nutzten die Nazis dieses bereits vorhandene Denken schlau und brutal aus, um ihre Judenverfolgung zu rechtfertigen. Kirchenleiter brachten ihnen nur wenig Protest oder Widerstand entgegen.

Wenn Antisemitismus und Rassismus heute aufs neue ihr Haupt recken – was der eigentliche Hintergrund dafür ist, daß sich Nation gegen Nation erhebt –, dann sollten wir als Gottes Volk nicht wieder schlafend oder unbeteiligt erfunden werden, sondern wachsam und nüchtern. Die gesamte Problematik des Aufbrechens ethnischer Konflikte ist möglicherweise eine strategisch-geschichtliche Schaltstelle. In dieser Atmosphäre haben Christen vielfältig Gelegenheit, durch Buß- und Versöhnungshandlungen Vorbild zu geben, wodurch Hunderttausende von Menschen mit dem Evangelium von Jesus Christus in Berührung kommen könnten. Vergessen wir nicht, daß dies der Befehl war, den der Herr uns hinterlassen hat: allen Volksgruppen auf Erden das Evangelium zu bringen. Inmitten all des Trubels und Aufruhrs, während Nationen erschüttert und Menschen von Angst und Ungewißheit erfüllt werden, ist der Kirche eine großartige Gelegenheit eingeräumt, die Menschen auf die ewigen Werte hinzuweisen und ihnen den Einen zu zeigen, der sie vom Verderben erretten und ins ewige Leben eingehen lassen kann.

Kapitel 6

Die Arche bauen

Aber wie die Tage Noahs waren, so wird auch die Ankunft des Sohnes des Menschen sein. Denn wie sie in jenen Tagen vor der Flut waren: sie aßen und tranken, sie heirateten und verheirateten bis zu dem Tag, da Noah in die Arche ging und sie es nicht erkannten, bis die Flut kam und alle wegraffte, so wird auch die Ankunft des Sohnes des Menschen sein. – Mt. 24,37 ff.

Dieser Vergleich der Tage Noahs mit den letzten Tagen läßt erkennen, daß sich die menschliche Gesellschaft der Endzeit in einem Zustand völliger moralischer Auflösung und Korruption befinden wird. Die Lüste des Fleisches werden die Lebensweise der Menschen bestimmen, während man den Dingen Gottes keinerlei Aufmerksamkeit entgegenbringen wird. Jesus legt nun in keiner Weise nahe, daß irgend etwas, was die Kirche tun könnte, dies zu verhindern imstande wäre. Aus diesem Grunde glaube ich nicht, daß es irgendeinen erfolgversprechenden Versuch geben kann, diese Gesellschaft zu reformieren, und denke, es lohnt sich nicht, eine Menge Kraft, Zeit und Finanzmittel in einen solchen Versuch zu investieren.

Die Entwicklung scheint unumkehrbar zu sein, und das muß sie auch; denn der Mensch kommt nicht umhin, voll und ganz das zu ernten, was er in seiner Rebellion gegen Gott gesät hat. Wenn der Mensch sich in seinem freien Willen zur Abwendung von Gott entschieden hat und Gottes Langmut zum Trotz keine Bereitschaft zur Buße zeigt, dann bleibt Gott keine Möglichkeit, die Menschheit bestehen zu lassen. Deshalb muß sich die Gesellschaft auflösen und zuletzt völlig zersplittern. Wir sollten nicht auf Rettung dessen hoffen, was Gott nicht erhalten möchte. Den Zeitgenossen Noahs wurden 120 Jahre der Warnung eingeräumt, die ganze Zeit, die zum Bau der Arche erforderlich war – doch ihre ganze Reaktion war Spott und Hohn. Die Bibel läßt uns wissen, wie Gott in den Tagen Noahs über die Menschheit dachte:

> *Und der HERR sah, daß die Bosheit des Menschen auf der Erde groß war und alles Sinnen der Gedanken seines Herzens nur böse den ganzen Tag. Und es reute den HERRN, daß er den Menschen auf der Erde gemacht hatte, und es bekümmerte ihn in sein Herz hinein. Und der HERR sprach: Ich will den Menschen, den ich geschaffen habe, von der Fläche des Erdbodens auslöschen, vom Menschen bis zum Vieh, bis zu den kriechenden Tieren und bis zu den Vögeln des Himmels; denn es reut mich, daß ich sie gemacht habe. Noah aber fand Gunst in den Augen des HERRN. – Gen. 6,5-8*

Wie es in den Tagen Noahs war, so wird es in den Tagen der Ankunft des Herrn sein, nur daß diesmal keine Flut kommt. Was Gott diesmal für die Welt auf Lager hat, hebt der Apostel Petrus in seinem zweiten Brief eindringlich hervor:

> *Ihr müßt ... aber zunächst bedenken, daß am Ende der Tage Spötter voll Spottsucht auftreten werden, Menschen, die nach ihren eigenen Lüsten wandeln und sagen: „Wo ist denn seine verheißene Wiederkunft? Seitdem die Väter entschlafen sind, bleibt ja*

alles doch so, wie es seit Beginn der Schöpfung ge-
wesen ist." Bei dieser Behauptung lassen sie näm-
lich unbeachtet, daß es von altersher Himmel gab
und eine Erde da war, die aus Wasser und mittelst
Wasser kraft des Wortes Gottes ihren Bestand
hatte, und eben deshalb ist die damalige Welt im
Wasser durch Überflutung zugrunde gegangen. Der
gegenwärtige Himmel und die Erde dagegen sind
durch dasselbe Wort für das Feuer aufgespart und
werden für den Tag des Gerichts und des Un-
tergangs der gottlosen Menschen aufbewahrt. –
3,3-7 Menge

Der Geist Babylons

Die Welt der letzten Tage ist für das Feuer des Gerichts bestimmt. Was ist es, das den Herrn dermaßen zum Zorn reizt,
daß er entschlossen ist, die Geschichte zu beenden? Es ist
jener aufbegehrende Stolz, den der Mensch von allem Anfang an gezeigt hat und in dem er sich unabhängig von seinem Schöpfer machen wollte.

Diesem Stolz begegnen wir zum ersten Mal in der Geschichte des Turmes von Babel. Damals sagten die Menschen nach dem Bericht von Genesis 11:

Wohlan, wir wollen uns eine Stadt und einen Turm
bauen, und seine Spitze bis an den Himmel! So
wollen wir uns einen Namen machen, damit wir
uns nicht über die ganze Fläche der Erde zer-
streuen! – V. 4

Dieser Text läßt deutlich erkennen, wes Geistes Kind die
Menschen waren. Sie trachteten danach, mit Gott zu kon-
kurrieren. Etwas zu bauen, das bis in den Himmel reicht.
Sich selbst einen Namen zu machen – denn sie wollten nicht

unter der Hoheit Gottes stehen. Unabhängig zu sein von Gottes Wegen und Plänen. Gottes Plan ging dahin, daß die Menschen die Erde erfüllen und auf ihr wohnen sollten; folglich mußten sie über den ganzen Planeten zerstreut werden. Die Menschen hielten es für besser, zusammenzubleiben und all ihre Ressourcen in dem Versuch zu bündeln, ihre eigene Gesellschaft zu schaffen – ihre eigene Welt in Autonomie von Gott. Diese Haltung nennen wir den Geist Babylons. Als Gott innewurde, was sich da anbahnte und welche tragischen Konsequenzen es für die Menschheit haben würde, entschloß er sich, diesen Plänen ein Ende zu machen.

Heute hören wir *Eine-Welt*-Parolen, man spricht von einer Weltregierung und der *neuen Weltordnung* – der Geist Babylons ist auf Erden lebendig und wohlauf. Nach wie vor versucht der Teufel, die gefallene Menschheit in all ihrer kreativen Potenz zu einem massiven Aufstand gegen den lebendigen Gott zu vereinen. Schon bei der ersten Manifestation des Geistes von Babylon wird deutlich, daß Gott um die beeindruckende Energie und Kapazität weiß, die der Mensch sogar noch im gefallenen Zustand ob seiner Gottesebenbildlichkeit besitzt:

> *Und der HERR sprach: Siehe, ein Volk sind sie, und eine Sprache haben sie alle, und dies ist erst der Anfang ihres Tuns. Jetzt wird ihnen nichts unmöglich sein, was sie zu tun ersinnen. – V. 6*

Wenn die Menschheit all ihre Ressourcen bündelt, um sich selbst „einen Namen" zu machen, dann baut sie nicht nur eine Welt ohne Gott, sondern eine Welt gegen Gott. Dahinter steckt der Geist des Antichristen. Der Psalmist faßt diese uralte, weltweite antigöttliche Verschwörung in folgende Worte:

> *Warum toben die Nationen und sinnen Eitles die Völkerschaften? Es treten auf Könige der Erde, und Fürsten tun sich zusammen gegen den HERRN und*

seinen Gesalbten: „Laßt uns zerreißen ihre Bande und von uns werfen ihre Stricke!" – 2,1 ff.

Das ist der Geist dieser Welt, der Geist des Teufels, der daran arbeitet, die Nationen und ihre Führer zu vereinen, um Gottes Wort und Gottes Gebote abzuwerfen und in völliger Unabhängigkeit vom Schöpfer ihre eigene humanistische Weltordnung zu errichten. Am Ende dieses Zeitalters wird es dem Feind gelingen, die Nationen gegen Gott zu versammeln wie nie zuvor in der Geschichte. In der Offenbarung lesen wir von zehn Königen.

Diese haben einen Sinn und geben ihre Kraft und Macht dem Tier. – 17,13

Das Außergewöhnliche aber ist das, was weiter unten im selben Kapitel erwähnt wird:

Denn Gott hat in ihre Herzen gegeben, seinen Sinn zu tun und in einem Sinn zu handeln und ihr Königreich dem Tier zu geben, bis die Worte Gottes vollendet sein werden. – V. 17

Mit anderen Worten: Auch hinter dem Abfall der Nationen von Gott und seinem Wort steht Gott selbst; auch diese Vorgänge sind Teil der Erfüllung seines Planes. Um so absurder wäre es zu meinen, wir könnten diese Welt der letzten Tage reformieren und die Nationen zu Gott zurückführen. Jeder Versuch in diese Richtung wäre nicht bloß zum Scheitern verurteilt, sondern wäre ein Versuch, gegen den Plan Gottes anzuarbeiten.

Das alles hört sich nach schlechten Nachrichten an. Für eine bestimmte endzeitliche Frist wird ein Babylonisches Reich auf Erden entstehen. Es wird jedoch nur kurzen Bestand haben, und wenn es wirklich zum Ende kommt, werden wir wahrlich gute Nachricht empfangen, vor allem beim Schall der Posaune:

In Offenbarung 17 und 18 bekommen wir einen Begriff von den Bestandteilen der babylonischen Gesellschaft. Sie identifiziert sich im Kern auf viererlei Weise: Als erstes ist sie gesättigt von Materialismus (18,3.11 ff.). Zweitens ist sie durchdrungen von Okkultismus: Sie

> *ist eine Behausung von Dämonen geworden und ein Gefängnis jedes unreinen Geistes und ein Gefängnis jedes unreinen und gehaßten Vogels.* – 18,2

Drittens ist sie eine Gesellschaft völliger Gesetzlosigkeit (18,3; 17,2 f.). Viertens schließlich wendet sie ihren ganzen Haß gegen die Heiligen und die Gemeinde Jesu:

> *Und ich sah die Frau trunken vom Blut der Heiligen und vom Blut der Zeugen Jesu.* – 17,6

Um zu sehen, daß diese Wesenszüge Babylons der Großen präzise diejenigen sind, die mehr und mehr unsere heutige Welt beherrschen, muß man kein Prophet sein.

Die dämonisierte Gesellschaft

Werfen wir noch einen genaueren Blick auf die Zeit Noahs, wie sie uns in Genesis 6 beschrieben wird.

Zunächst ist festzustellen, daß die Generation der Zeitgenossen Noahs sich mit Dämonen einließ (Vv. 1-4). Es gab eine Absprache dämonischer Wesen, die die Bibel „die Söhne Gottes" bzw. „die Riesen auf der Erde" nennt. Es befremdet uns vielleicht, wenn Dämonen „Söhne Gottes" genannt werden, doch vergessen wir nicht, daß sogar Satan unter die Söhne Gottes gerechnet wurde (Hi. 1,6). Ohne jeden Zweifel brachte die Vermischung der menschlichen Zeitgenossen mit Dämonen eine „dämonisierte" Gesellschaft hervor, was natürlich der ausschlaggebende Grund für Gott war, diese Gesellschaft zu vernichten. Die Ähnlichkeit der Tage Noahs mit den letzten Tagen vor dem Kommen des Menschensohnes liegt auf der Hand. Auch unsere heutige Welt ist mehr dämonisiert, als es irgendeine frühere Generation auf der Erde war. Im vorliegenden Zusammenhang fehlt der Platz, eine tiefergehende Analyse der gegenwärtigen Gesellschaft vorzunehmen, ich denke aber, daß man anstandslos sagen kann, daß der allgegenwärtige Okkultismus mit seiner Macht heute ohne Ausnahme alle Schichten der jetzt lebenden Generation durchdrungen hat.

Mit Schrecken las ich kürzlich einige statistische Daten, die besagten, daß es heute in Deutschland 15 000 vollzeitige Mitarbeiter in der Okkultszene gibt. Diese Zahl übersteigt die der hauptamtlichen christlichen Gemeindemitarbeiter bei weitem. Die alles überrollende *New-Age*-Welle bringt es mit sich, daß sämtliche Bereiche unserer heutigen Gesellschaft von dämonischen Einflüssen durchdrungen werden. Darin liegt der wesentliche Grund für die Kapitulation von Anstand und Moral, die wir heute erleben. Jesus hat gesagt, die Tage vor der Ankunft des Menschensohnes würden wie die Tage Noahs sein:

> *Denn wie sie in jenen Tagen vor der Flut waren: sie aßen und tranken, sie heirateten und verheirateten bis zu dem Tag, da Noah in die Arche ging ...* – Mt. 24,38

Dieser Lebensstil, gefangen in den Banden fleischlicher Begierden sowohl im Bereich des übermäßigen Essens als auch des sexuellen Vergnügens, raubte ihnen jede Wahrnehmungsfähigkeit für Gefahren auf dem geistlichen Sektor:

> *... und sie erkannten es nicht, bis die Flut kam und alle wegraffte.* – V. 39

Die Parallele dazu findet sich in Genesis 6,2 f.:

> *... da sahen die Söhne Gottes die Töchter der Menschen, wie schön sie waren, und sie nahmen sich von ihnen allen zu Frauen, welche sie wollten. Da sprach der HERR: Mein Geist soll nicht ewig im Menschen bleiben, da er ja auch Fleisch ist. Seine Tage sollen 120 Jahre betragen.*

Im nächsten Vers geht es dann um die dämonischen Riesen, wie sie sich sexuell mit den Töchtern der Menschen zusammentun, und endlich kommt Gott zu folgendem Schluß:

> *Und der HERR sah, daß die Bosheit des Menschen auf der Erde groß war und alles Sinnen der Gedanken seines Herzens nur böse den ganzen Tag. Und es reute den HERRN, daß er den Menschen auf der Erde gemacht hatte, und es bekümmerte ihn in sein Herz hinein. Und der HERR sprach: Ich will den Menschen, den ich geschaffen habe, von der Fläche des Erdbodens auslöschen, vom Menschen bis zum Vieh, bis zu den kriechenden Tieren und bis zu den Vögeln des Himmels; denn es reut mich, daß ich sie gemacht habe. – Vv. 5 ff.*

Damit ist klar, daß die letzte Generation, die diese Erde bevölkert, unmittelbar bevor der Herr kommt, ebenso böse und verdorben ist wie diejenige, die in den Tagen der Flut lebte. Ferner stellt Jesu Prophetie klar, daß wir nichts anderes erwarten dürfen. Die gegenwärtige Welt bewegt sich auf den Abgrund zu, und sämtliche Gebete und gottgefälligen Aktivitäten in aller Welt können nicht verhindern, daß sie hineinstürzt. Alles Gerede über eine Rückführung der ganzen menschlichen Gesellschaft zu Gott entspringt Wunschdenken. Das wird niemals geschehen, einfach deshalb nicht, weil es nicht in Gottes Plan und Absicht liegt. Gott, der alles vorhersieht, erklärt, die Generation der Zeitgenossen der Ankunft des Menschensohnes werde derjenigen gleichen, die zu Zeiten Noahs, vor der Flut, lebte. Daraus folgt logischerweise, daß diese Welt und die Nationen keine Chance haben, ihrem Schicksal zu entrinnen. Sie sind zum Untergang verdammt, um einer neuen Welt, einem neuen System, einem neuen Zeitalter Platz zu machen, das wir das Reich Gottes nennen. Somit sollten wir alle Aufmerksamkeit und Hingabe auf diese neue Ordnung der Dinge richten, die Gott für die Zeit, die dem Kommen des Herrn Jesus folgen wird, vorgesehen hat.

Noah fand Gunst

Noah aber fand Gunst in den Augen des HERRN. – Gen. 6,9

Die betrübliche Geschichte geht weiter, jetzt aber mit Hoffnung und einer Zukunftszusage für die Erde, verknüpft mit dem gerechten Mann Noah und seiner Familie. Darin entfaltet sich vor uns ein überaus ermutigendes Bild des Gottes, der in seiner Gnade immer wieder einen neuen Anfang setzt. Es ist ein prophetisches Bild, das unsere Herzen mit Freude erfüllt. Genauso wie Gott der Menschheit in Gestalt der Familie Noahs aufs neue Gnade erwies, erweist er der Menschheit auch neue Gnade durch seine Erwählten, seine Familie, das Volk Gottes. Dieselben geschichtlichen Abläufe wiederholen sich: Wie es in den Tagen Noahs war, so wird es beim Kommen des Menschensohnes sein. Neue Gnade für einen neuen Anfang! Beim herrlichen Kommen Christi, seines Sohnes, und durch sein Kommen bringt Gott sein Königreich auf Erden zum Tragen. Das neue Tausendjährige Reich gründet er auf seine Erwählten, baut es auf ein Fundament von Gerechtigkeit und Integrität und gestaltet es aus mit Hilfe eines Volkes, das in lebendiger Beziehung und Gemeinschaft mit ihm lebt. Dieses Reich ist Gottes Antwort auf die Probleme der Welt. Es wird kein Flickwerk am alten System mehr geben, sondern einen völlig neuen Anfang auf neuen Grundlagen – genauso, wie Gott nach dem Zeugnis der Schrift immer arbeitet:

> *Niemand aber setzt einen Flicken von neuem Tuch auf ein altes Kleid; denn das Eingesetzte reißt von dem Kleid ab, und der Riß wird ärger. Auch füllt man nicht neuen Wein in alte Schläuche; sonst zerreißen die Schläuche, und der Wein wird verschüttet, und die Schläuche verderben; sondern man füllt neuen Wein in neue Schläuche, und beide bleiben zusammen erhalten.* – Mt. 9,16f.

Niemals paßt der neue Wein des gerechten Reiches Gottes in unsere von Menschen erdachten, korrupten politischen Systeme, seien sie demokratischen oder totalitären Zuschnitts. Die gegenwärtige Weltordnung, besser unser mehr schlecht als recht aufrechterhaltener *modus vivendi*, ist absolut außerstande, Gottes Zielen in dem kommenden Zeitalter zu dienen. Was uns erwartet, ist ein völlig neues Herrschaftssystem, die Monarchie eines großen Königs, die sich über die ganze Erde erstreckt. Dann wird König Jesus in Frieden und Gerechtigkeit über die gesamte Schöpfung regieren, und wir als seine Gemeinde, sein Volk, werden eingeladen sein, an seiner Herrschaft und Regierung teilzuhaben.

In Genesis 7,1 heißt es von Noah und seiner Familie, daß sie inmitten ihrer Generation vor Gott gerecht waren. An anderer Stelle heißt es von Noah, daß er „ein gerechter Mann" war, „untadelig ... unter seinen Zeitgenossen; Noah lebte mit Gott" (6,9). Damit sind die Standards für Gottes Volk, seine Gemeinde, gesetzt, die wir vor Augen haben müssen, wenn wir uns anschicken, ein Königreich von Priestern Gottes zu sein, die gemeinsam mit Christus die Erde regieren. In der Gemeinde Jesu sollten wir weder Zeit noch Energie darauf verplempern, ein verderbtes System reformieren zu wollen. Vielmehr sollten wir uns selbst hingeben, um in Gerechtigkeit erhoben und in untadeliger Integrität geübt zu werden. Das wäre eine wahrheitsgetreue, realistisch-prophetische Vorbereitung des Volkes Gottes im Blick auf das baldige Kommen unseres Königs und Heilandes.

Zwei Aufgaben waren es, für die Gott Noah in seiner Zeit berief und die er ihm übertrug:

1. eine Arche zu bauen;
2. Gerechtigkeit zu predigen.

Noah baute eine Arche

Noah bekam inmitten einer bösen, verdorbenen Generation den Auftrag von Gott, für seine Familie und Gottes Geschöpfe eine Rettungsarche zu bauen. Diese Arche sollte der einzige Ausweg sein, der es ermöglichte, dem Vernichtungsgericht Gottes über die Erde zu entkommen. Zur rechten Zeit warnte Gott seinen Diener vor dem kommenden Gericht, so daß ihm genügend Frist blieb, Anstalten für einen Weg der Rettung zu treffen. Darin drückt sich Gottes große Barmherzigkeit und Gnade aus. Niemals läßt er sein Gericht über die Erde kommen, ohne allen denen einen Ausweg anzubieten, die sich für die Gerechtigkeit entschieden haben und mit Gott wandeln. Auch richtet Gott niemals jemanden, den er nicht zuvor gewarnt und dem er nicht das Angebot gemacht hat, Buße zu tun. Noah hörte Gottes Warnung, so daß er seinerseits seine Mitmenschen vor dem warnen konnte, was über die Erde kommen würde. Hundert Jahre brauchte Noah zum Bau der Arche, und dieses ganze Jahrhundert hindurch dürfte er ein allseits beliebter Gegenstand des Spotts der Leute gewesen sein. Das kann man sich ohne weiteres vorstellen. Dort, wo die Arche entstand, gab es weit und breit keine Gewässer, auf denen ein Schiff hätte fahren können. In den Augen der Zeitgenossen muß es überaus dämlich ausgesehen haben, mitten im Binnenland, wo es nur Rinnsale von Bächen gab, ein großes Schiff anzufertigen. Und als Noah seinen Zuschauern erzählte, Gott habe ihm gesagt, zu einer festgesetzten Zeit werde die Erde durch Regengüsse überflutet werden, muß das eine noch größere Lachnummer gewesen sein; denn bis dahin hatte es auf Erden noch nie geregnet. Vor der Flut wurde die Erde durch Flüsse bewässert. Erst nach der Flut wurde der Regen ein gewohntes Mittel zur Bewässerung der Erde (Gen. 2,5).

Das liefert uns ein eindringliches Bild der Vorhersehung Gottes für die letzten Tage dieses Zeitalters. Wie in den Tagen Noahs werden die Verhältnisse auch beim Kommen des Menschensohnes sein. Auch heute hat Gott seinen „Noah", seinen Knecht, nämlich seinen Leib, das ist der Leib Christi, die Gemeinde. Und sind nicht auch wir durch die Heilige Schrift von Gott vor seinen Gerichten gewarnt worden, die am Ende dieses Zeitalters über die Welt kommen werden? Sind wir nicht von Gott berufen worden, die Rettungsarche zu bauen, aller Kreatur bis an die Enden der Erde das Evangelium zu verkündigen? Gibt es da nicht einen Fluchtweg, den Gott für jeden bereitet hat, der sich von der Ungerechtigkeit abwendet und Jesus Christus als seinen Erlöser annimmt? Und verhält es sich nicht auch so, daß die Predigt des Evangeliums und ein Leben mit Gott von unseren Zeitgenossen für lächerlich gehalten werden? Hören wir den Apostel Paulus:

> *Denn das Wort vom Kreuz ist denen, die verlorengehen, Torheit; uns aber, die wir errettet werden, ist es Gottes Kraft ... Denn weil ja in der Weisheit Gottes die Welt durch die Weisheit Gott nicht erkannte, hat es Gott wohlgefallen, durch die Torheit der Predigt die Glaubenden zu erretten. – 1. Kor. 1,18.21*

Ohne Zweifel erscheint das Evangelium unseren Zeitgenossen heute ebenso lächerlich, wie es damals der Generation Noahs vorkam, mitten auf dem Trockenen eine Arche zu bauen. Doch genau diese Torheit des Kreuzes ist die einzig wahre Berufung der Kirche unter dieser letzten Generation. Es gibt keine andere Hoffnung, Gottes Zorn zu entrinnen, als sich in die Arche zu begeben, die gemäß Gottes Befehl durch sein Volk gebaut wird. Anstelle all der landläufigen Versuche, die Welt durch „sensible" Angebote, mit Gott in Kontakt zu kommen, zu beschwichtigen, anstelle all der modernen Evangeliumsdarbietungen, die häufig die ganze Botschaft zu einer Art humanistisch-intellektuellen Therapeutikums verwässern, sollten wir mit voller Kraft zur Verkündigung der ganzen Torheit dessen zurückkehren, der gekreuzigt, begraben und am dritten Tage durch die Kraft Gottes von den Toten auferweckt wurde, zurückkehren auch zur Verkündigung der Wahrheit, daß es einen Ort namens Himmel gibt, der das Endziel all derer ist, die Buße von ihren Sünden tun und sich zum Herrn bekehren, aber auch einen Ort namens Hölle, bereitet all denen, die sich dem Evangelium von Jesus Christus verweigern. Denn ohne solch klare Verkündigung würden wir es versäumen, die Menschen so, wie Gott uns beauftragt hat, vor dem zu warnen, was kommt, und dieses Versäumnis könnte uns vor Gott schuldig werden lassen.

Für meine Begriffe hat aber der Bau der Arche mehr auf sich als die bloße Verkündigung des Evangeliums. Ich weiß mit Gewißheit, daß Christus selber die wahre Rettungsarche ist. Nur wenn wir Gemeinschaft mit Christus aufnehmen und in ihm erfunden werden, sind wir wirklich gerettet und in Sicherheit. Doch wenn Christus die Arche ist, dann ist die Kirche, sein Leib, der „Noah", der die Arche bauen, sie zubereiten und für eine verlorene Generation zugänglich machen muß. So verhält es sich in der Tat; denn Menschen, die Christus brauchen und ihn suchen, sollen ihn in der Mitte seines Volkes, der Gemeinde, finden können. Deshalb möchte ich unter dem Bau der Arche das ganze Paket verstehen: alles, was mit dem Bau des Reiches Gottes auf Erden zu tun hat. Dazu passen folgende Worte des Paulus:

„Denn jeder, der den Namen des Herrn anrufen wird, wird errettet werden." Wie werden sie nun den anrufen, an den sie nicht geglaubt haben? Wie aber werden sie an den glauben, von dem sie nicht gehört haben? Wie aber werden sie hören ohne einen Prediger? Wie geschrieben steht: „Wie lieblich sind die Füße derer, die das Evangelium des Friedens verkündigen, die das Evangelium des Guten verkündigen!" – Röm. 10,13 ff.

Jesus allein ist Retter, aber er tut sein Werk nicht allein. Er manifestiert sich in seiner Gemeinde. Zwar haben einige Leute für sich allein zum Herrn gefunden, die meisten aber finden den Erlöser durch seinen Leib, die Gemeinde. Wir sind die rettende, zu Gott gehörende Gemeinschaft auf Erden. Die Arche bauen heißt darum zugleich die Gemeinde bauen – jawohl, Gemeinden bauen an allen Ecken und Enden, und das nicht einfach irgendwie, sondern so, daß sie den wahren Charakter und die Herrlichkeit des Herrn Jesus widerspiegeln. Denn wenn die große Erschütterung des Himmels, der Erde und aller Nationen kommt und die Menschen vor Furcht und Verstörung verschmachten (Lk. 21,25 f.) und sich nach Hilfe umschauen werden, dann wird es einen und nur einen Ort des Friedens und der Sicherheit geben: die rettende Gemeinschaft derer, die schon gerettet sind. Nur was auf Gott gegründet ist, wird dann feststehen, wie die Bibel in aller Deutlichkeit bezeugt:

„Noch einmal werde ich nicht nur die Erde bewegen, sondern auch den Himmel." Aber das „noch einmal" deutet die Verwandlung der Dinge an, die als geschaffene erschüttert werden, damit die unerschütterlichen bleiben. Deshalb laßt uns, da wir

ein unerschütterliches Reich empfangen, dankbar sein, wodurch wir Gott wohlgefällig dienen mit Scheu und Furcht. Denn auch unser Gott „ist ein verzehrendes Feuer". – Hebr. 12,26-29

Und in den Tagen dieser Könige wird der Gott des Himmels ein Königreich aufrichten, das ewig nicht zerstört werden wird. Und das Königreich wird keinem anderen Volk überlassen werden; und es wird all jene Königreiche zermalmen und vernichten, es selbst aber wird ewig bestehen. – Dan. 2,44

Und es geschahen laute Stimmen im Himmel, die sprachen: Das Reich der Welt unseres Herrn und seines Christus ist gekommen, und er wird herrschen in alle Ewigkeit. – Offb. 11,15

Noah – Prediger der Gerechtigkeit

Er hat auch die alte Welt nicht verschont, sondern nur Noah, den Herold der Gerechtigkeit, zusammen mit sieben anderen am Leben erhalten, als er die Sintflut über die gottlose Menschenwelt hereinbrechen ließ. – 2. Pt. 2,5

Durch Glauben bereitete Noah, als er eine göttliche Weisung über das, was noch nicht zu sehen war, empfangen hatte, von Furcht bewegt, eine Arche zur Rettung seines Hauses. Durch ihn verurteilte er die Welt und wurde Erbe der Gerechtigkeit, die nach dem Glauben ist. – Hebr. 11,7

Noah hatte die Berufung, Gerechtigkeit zu predigen und gemeinsam mit seiner Familie beispielhaft vorzuleben. Er sollte die Art von Leben vorexerzieren, die Gott sich für alle Menschen, die er geschaffen, gedacht hatte. Noahs Familie stand in scharfem Kontrast zu der Lebensweise, die seine zeitgenössische Gesellschaft bestimmte. So wurde er zu einem prophetischen Zeugnis und zu einem Zeichen für seine Umwelt. In diesem Sinne ist die Aussage der Schrift gemeint, daß die Welt durch ihn verurteilt wurde.

Wie in den Tagen Noahs wird es auch zur Zeit des Kommens des Menschensohnes sein. Gottes auserwählte Familie ist nicht nur zur Predigt des Evangeliums berufen, sondern auch dazu, der Welt in diesen letzten Tagen ein prophetisches Zeugnis der Gerechtigkeit zu geben. Gerechtigkeit predigen müssen wir nicht nur mit dem Mund, sondern indem wir ein lebendiges Modell der Art zu leben bilden, die Gott für die gesamte Menschheit vorgesehen hatte. So möchte Gott es haben. Es gibt ein ewiges Prinzip des Umgangs Gottes mit sündhaften Menschen: Niemals übt er sein Gericht über sie aus, ohne daß er ihnen zunächst ein lebendiges Beispiel dessen gegeben hätte, was er von ihnen erwartete. Erst wenn die Menschen dem nicht genügten, nicht Buße taten und Gehorsam übten, dann sahen sie sich seinem Gericht ausgesetzt. Gott ist ein gerechter Gott. Wenn jener große Tag des Gerichts kommen wird, wird niemand, über den ein Verdammungsurteil ergeht, Gott beschuldigen können, ihm nicht klar gezeigt zu haben, was er forderte, ihm keine Gelegenheit zur Buße gegeben oder ihn nicht eindringlich vor den Konsequenzen einer Entscheidung zum Ungehorsam gewarnt zu haben.

Die Kirche ist berufen, der gottlosen Welt Gottes Gerechtigkeit offenbar zu machen. Damit verbindet Gott zuallererst die Hoffnung, daß Menschen Buße tun und Erlösung finden. Doch wo das nicht geschieht, ist es Gottes zweitrangiges Ziel, der Welt mittels des Gerechtigkeitszeugnisses der Kirche ihre Verworfenheit nachzuweisen. Es gibt Menschen in der Kirche, die der Meinung sind, unsere einzige Legitimation, Gemeinde Jesu zu sein, liege darin, daß wir befähigt sind, Sünder ins Reich Gottes zu führen, und wo das nicht fortwährend geschehe, hätten wir kraß versagt. Nun kann selbstverständlich nicht in Frage gestellt werden, daß die primäre Berufung der Kirche darin besteht, Seelen für Christus zu gewinnen – doch das ist nur eine Seite der Medaille. Selbst wenn der Dienst der Gemeinde niemanden zu Jesus führen würde – so unwahrscheinlich und unvorstellbar das auch ist –, gäbe es bei Gott immer noch einen Daseinszweck für die Gemeinde, nämlich seine Gerechtigkeit zu offenbaren, damit er die Legitimität seines Gerichts unter Beweis stellen kann.

Jesus zeigte genau diese zwei Gesichtspunkte auf, als er über die Aufgaben der Gemeinde sprach:

> *Ihr seid das Salz der Erde; wenn aber das Salz kraftlos geworden ist, womit soll es gesalzen werden? Es taugt zu nichts mehr, als hinausgeworfen und von den Menschen zertreten zu werden. Ihr seid das Licht der Welt; eine Stadt, die oben auf einem Berg liegt, kann nicht verborgen sein. Man zündet auch nicht eine Lampe an und setzt sie unter den Scheffel, sondern auf das Lampengestell, und sie leuchtet allen, die im Hause sind. So soll euer Licht leuchten vor den Menschen, damit sie eure guten Werke sehen und euren Vater, der in den Himmeln ist, verherrlichen. – Mt. 5,13-16*

Salz ist natürlich ein kraftvolles Gegenmittel gegen Verderbnis. Salz wirkt als Streitmacht gegen Verfall und Fäulnis und macht sich als solche sehr spürbar. Eine weitere Wirkung des Salzes ist, daß es Schmerz lindert. Jesus bezieht sich hier auf das Gerechtigkeitszeugnis seiner Gemeinde, von dem er sagt, es werde sich zu einer starken Gegenkraft gegen die Verderbnis der gottlosen Gesellschaft aufwerfen. Als Volk Gottes sind wir berufen, in Gerechtigkeit gegen jedwede Verderbnis und jegliche Form von Sünde aufzustehen. Interessanterweise zieht Jesus die Möglichkeit in Betracht, daß das Salz seine Würzkraft verlieren kann. Wenn die Gemeinde ihren „Geschmack" verliert, wird sie nutzlos, und die Welt trampelt über sie hinweg. Dieses Statement Jesu schärft uns ein, daß es nicht genügt, über Gottes Gerechtigkeitsstandards zu reden. Wir müssen sie aktiv ausleben. Aus diesem Grunde sagen wir, daß wir als Gemeinde nicht nur berufen sind, die Gute Nachricht zu predigen und das positive Licht der Welt zu sein, das die Welt durch seine Wärme und Liebe zu Gott hinlockt und voller Hoffnung viele ins Reich des Lichts führt. Ebenso sind wir dazu da, Gottes heilige, gerechte Forderungen zu vertreten und durch die Predigt der Gerechtigkeit wie auch ein Leben in Gerechtigkeit ein prophetisches Modell darzustellen. So werden alle, die Gott zurückweisen, durch uns verurteilt werden.

Aus diesem Grund müssen wir uns als Volk Gottes in jedem Lebensbereich in Gerechtigkeit und einem gottgefälligen Lebensstil üben. Es geht nicht an, daß wir uns von der Gesellschaft absondern und uns in unserem kleinen christlichen Ghetto isolieren. Salz ist nicht dazu da, an einem Fleck konzentriert zu werden. Es muß über den ganzen kranken Leib verteilt werden. Auf allen Ebenen der Gesellschaft braucht Gott gerechte Menschen, und das nicht im Sinne der falschen Erwartung, als wolle er sie befähigen, die gottlose Gesellschaft an die Hand zu nehmen und zu einer christlichen Gesellschaft umzuformen, sondern mit der klaren Zielsetzung, ein Zeugnis der Gerechtigkeit aufzurichten, ein prophetisches Zeichen in allen Lebensbereichen, das denen, die Buße tun, Licht zur Erlösung wird, denen aber, die sich verweigern, zum brennenden Salz der Verdammnis.

In der Politik brauchen wir Christen, nicht um die Schalthebel der Macht in die Hand zu bekommen und unsere Nationen zu „christianisieren", sondern in der biblisch begründeten Hoffnung, der Welt zeigen zu können, worum es Gott geht, so daß wir die Zentren der Macht dahingehend bewegen und beeinflussen können, sich Gottes Gesetz und seinem Wort zu unterwerfen, und ihnen die Konsequenzen aufzuzeigen vermögen, die es mit sich brächte, das nicht zu tun.

In der Geschäftswelt brauchen wir Christen – nicht weil wir ein Mandat besäßen, die von Grund auf ungerechten, gottlosen Wirtschaftsstrukturen zu verändern, die durch die Macht des Mammon, des Gottes unseres Zeitalters, die Lebensverhältnisse in dieser Welt bestimmen, sondern damit ein prophetisches Beispiel dafür gegeben werden kann, wie Gott Menschen ehrlich und gerecht wirtschaften lassen möchte. Das wäre ein Vorgeschmack auf die Prinzipien des kommenden Reiches und zugleich eine Verurteilung all der Korruption und Bosheit in der Geschäftswelt.

Zuletzt dies: Gottes Volk, die Gemeinde, muß sich aus dem einfachen Grund in dieser Welt und während dieses Zeitalters in Gerechtigkeit schulen und üben, daß es berufen ist, Gemeinschaft mit dem Herrn Jesus zu haben, wenn er kommt und das nächste Zeitalter einläutet, in dem wir mit ihm über die Erde und die Nationen herrschen sollen. Sobald das Reich Gottes in seiner Fülle auf Erden anbricht, werden wir, die Braut des Lammes Gottes, uns mit unserem himmlischen König vereinen, um in Frieden, Rechtschaffenheit, Liebe und Gerechtigkeit die Erde zu regieren. Und je näher die Stunde des Kommens des Menschensohnes rückt – und die Stunde der Ablösung der gegenwärtigen Weltordnung ist nahe –, um so mehr müssen wir als gerechte Familie Gottes, genau wie Noah und seine Familie, darauf vorbereitet und eingestellt sein, die Kontrolle zu übernehmen und das Fundament zu bilden, auf dem Gott eine neue Gesellschaft errichten kann, nämlich sein Reich, das gemäß folgender gewaltiger Proklamation die ganze Erde erfüllen wird:

> *Halleluja! Denn der Herr, unser Gott, der Allmächtige, hat die Herrschaft angetreten. Laßt uns fröhlich sein und frohlocken und ihm die Ehre geben; denn die Hochzeit des Lammes ist gekommen, und sein Weib hat sich bereitgemacht.* – Offb. 19,6b.7

Kapitel 7

Die Schlacht um Gottes Wort

Und weil die Gesetzlosigkeit überhandnimmt, wird die Liebe der meisten erkalten. – Mt. 24,12

Die Tage des Kommens des Menschensohnes werden gekennzeichnet sein von dem massivsten Versuch, die menschliche Gesellschaft vollends dem Wort Gottes zu entfremden, den Satan jemals unternommen hat. Von allem Anfang an hat der Teufel getan, was immer in seiner Macht stand, um die Autorität der Bibel zu untergraben und zunichte zu machen. Schon in einem der frühesten Berichte der Heiligen Schrift begegnen wir diesem Bestreben:

Und die Schlange war listiger als alle Tiere des Feldes, die Gott, der HERR, gemacht hatte; und sie sprach zu der Frau: Hat Gott wirklich gesagt: Von allen Bäumen des Gartens dürft ihr nicht essen? Da sagte die Frau zur Schlange: Von den Früchten der Bäume des Gartens essen wir; aber von den Früchten des Baumes, der in der Mitte des Gartens steht, hat Gott gesagt: Ihr sollt nicht davon essen und sollt sie nicht berühren, damit ihr nicht sterbt! Da sagte die Schlange zur Frau: Keineswegs werdet ihr sterben! Sondern Gott weiß, daß an dem Tag, da ihr davon eßt, eure Augen aufgetan werden und ihr sein werdet wie Gott, erkennend Gutes und Böses. Und die Frau sah, daß der Baum gut zur Speise und daß er eine Lust für die Augen und daß der Baum begehrenswert war, Einsicht zu geben; und sie nahm von seiner Frucht und aß, und sie gab auch ihrem Mann bei ihr, und er aß. Da wurden ihrer beider Augen aufgetan, und sie erkannten, daß sie nackt waren; und sie hefteten sich Feigenblätter zusammen und machten sich Schurze. – Gen. 3,1-7

Das war der erste Angriff auf die Wahrheit und Autorität des Wortes Gottes – und zu welchen Verheerungen führte er im Leben der Menschen auf Erden! „Hat Gott das wirklich gesagt? Bist du sicher, daß du ihn richtig verstanden hast? War das nicht vielleicht ein klein wenig anders zu verstehen?" Der Gedankenwelt der Frau werden Zweifel und Mißtrauen hinsichtlich der wirklichen Bedeutung des Wortes Gottes eingeimpft, so daß sie den wörtlichen Sinn dessen, was der Herr gesagt hatte, in Frage zu stellen beginnt. Damit begann das, was wir in der heutigen Kirche als liberale Theologie oder Bibelkritik bezeichnen: ein jahrhundertealter, unaufhörlicher Ansturm auf das lebendige, wahrhaftige Wort Gottes. Damit nahm der Versuch einer „Interpretation" des Wortes Gottes seinen Anfang; nunmehr wollte man das Wort auslegen, statt es wortwörtlich zu empfangen und zu befolgen. Der Teufel ist jederzeit bereit, uns bei der Analyse des Wortes Gottes zu unterstützen und uns seine Gedanken über den Sinn des Wortes einzuflößen, selbst da, wo Gott seinerseits uns gar keine Erklärung gegeben hat. Der Hauptgrund für den tragischen Fall, der Adam und Eva aus der Gegenwart Gottes des Herrn verbannte, war ihre allzu bereitwillige Offenheit für das Angebot der Schlange, das, was Gott gesagt hatte, zu interpretieren. Aller Abfall, alles Abweichen und Weggehen von dem lebendigen Gott, nahm seinen Anfang darin, daß die Menschen der Verlockung anheimfielen, Gottes klare Anordnungen in Frage zu stellen und den Versuch zu unternehmen,

ihren Sinn zu verstehen und zu analysieren. Satans gefährliche und zugleich anzügliche Einflüsterung geht dahin, daß
Gottes Gebote dazu erlassen worden sind, uns von gewaltigen geistlichen Abenteuern fernzuhalten; wenn wir es aber
wagen, uns ihnen zu widersetzen, *werden* wir Zugang zu
höheren Dimensionen des Geistes finden und schließlich zur
Gleichheit mit Gott aufsteigen:

> *Sondern Gott weiß, daß an dem Tag, da ihr davon*
> *eßt, eure Augen aufgetan werden und ihr sein wer-*
> *det wie Gott, erkennend Gutes und Böses.*

Wir sehen also: Die Schlange suggeriert, daß Gott uns mit
aller Macht von mächtigen geistlichen Segnungen und
Wohltaten abzuschotten versucht. Ihr zufolge möchte Gott
nicht, daß wir die höchstmögliche Qualität geistlichen Lebens, geistlicher Kraft und Reife genießen. Die eigentlichen
geistlichen Leckerbissen hat Gott sich selber vorbehalten,
und indem er uns verbietet, von diesem einen Baum zu essen, geht er auf Nummer sicher, daß wir niemals Zutritt zu
seinem Schlaraffenland erhalten. Was für eine raffinierte,
subtile Einflüsterung – vermag sie nicht uns alle mit
Mißtrauen und Argwohn hinsichtlich der wahren Motive
Gottes zu erfüllen? Unsere Herzen sind nun einmal aben-
teuerdurstig, unser Geist sehnt sich nach dem Außergewöhnlichen, es verlangt uns unmäßig danach, hinter all die
Geheimnisse des Unsichtbaren zu kommen – so sind wir
leichte Beute für die Versuchung, uns Gott zu widersetzen,
die Wahrheit seines Wortes und die guten Absichten seines
Herzens in Frage zu stellen.

Der natürliche Sinn

Jeglicher Abfall von Gott, jedwedes Hineintappen in die Fallen geistlicher Verführung beginnt damit, daß es uns so

schwerfällt, Gottes Wort in kindlichem Glauben anzunehmen, ohne all unsere Fragen beantwortet haben zu müssen. Scharen von Gläubigen lassen sich von ihrem Verlangen, die Geheimnisse der geistlichen Welt über den Rahmen hinaus, den Gottes Wort uns setzt, erforschen zu wollen, so haltlos verleiten, daß sie in Finsternis und Irrtum enden.

In 2. Korinther 11,2 f. schreibt Paulus die folgenden aufrüttelnden Worte:

> *Denn ich eifere um euch mit Gottes Eifer; denn ich habe euch einem Mann verlobt, um euch als eine keusche Jungfrau vor den Christus hinzustellen. Ich fürchte aber, daß, wie die Schlange Eva durch ihre List verführte, so vielleicht euer Sinn von der Einfalt und Lauterkeit Christus gegenüber abgewandt und verdorben wird.*

Dieser Text vermittelt uns ein sehr erhellendes Verständnis der Hauptursache dafür, daß Menschen auf Täuschungsmanöver hereinfallen und in Sünde geraten: Sie lassen sich von der Einfalt Christi abwenden, der Einfalt des Evangeliums, der Einfalt des Wortes Gottes. Büßen wir jenes kindliche Vertrauen auf Gottes Wort ein, so setzen wir uns Mächten der Täuschung aus und werden von der Wahrheit und schließlich von Gott selbst fortgezerrt. Und geben wir uns nicht mit dem begrenzten Licht zufrieden, das uns das geoffenbarte Wort zugesteht, sondern wollen die geistliche Welt über die Grenzpflöcke der Schrift hinaus erkunden, so öffnen wir uns Okkultmächten und verstricken uns in einem Gewirr mystischer Ideen und Erfahrungen. Paulus möchte uns warnen. Viele Gläubige, ja Diener Gottes haben im hellen Schein der Einfalt Christi und seines Wortes angefangen, ihre Tage jedoch in Verwirrung und äußerster geistlicher Verfinsterung beendet, weil sie der Verlockung nicht widerstehen konnten, über das hinauszugehen, was geschrieben steht. Ein erschreckendes Beispiel dafür finden wir im Sendschreiben des Johannes an die Gemeinde zu Thyatira, wo es um das schwere Gericht geht, das über diejenigen kommt, die lehren, man solle „die Tiefen des Satans" erkennen (Offb. 2,24).

Außerbiblisch = unbiblisch

Sogenannte außerbiblische Glaubensinhalte oder Praktiken dürfen bei uns keinen Fußbreit Boden innehaben. Unser ganzes Leben, unsere Theologie, unsere Erfahrungen und unser Verhalten sind entweder biblisch oder unbiblisch. Geistliche Experimente, die sich biblisch nicht belegen lassen, sind überflüssig. Der ganze zeitgenössische Ansatz – man könnte ihn geradezu als neue Theologie der außerbiblischen Erfahrungen bezeichnen –, der davon ausgeht, der Heilige Geist könne uns in Bereiche hineinführen, für die es kein biblisches Vorbild und keinen Schriftbeweis gibt, ist nichts anderes als neuzeitliche charismatische Häresie. Jedweder Versuch, den Heiligen Geist vom Wort Gottes zu isolieren, ist ein Akt der Verführung, ein trickreicher, untergründiger Anlauf religiös-okkulter Geistmächte, Gottes Volk von der Wahrheit zu entfernen, das Werk von Lügengeistern. Was immer wir erleben, tun oder glauben mögen: läßt es sich nicht mindestens in gewissem Grad vom Wort Gottes her erhärten, so dürfen wir sicher sein, daß es sich nicht um ein Werk des Heiligen Geistes handelt – egal, was es konkret ist, das uns widerfährt.

Die Lehre, daß der Geist uns über das Wort hinausführen könne, ist extrem gefährlich. Der Geist Gottes ist stets in Übereinstimmung mit dem Wort Gottes; er tut nichts, wodurch das Wort nicht bestätigt würde. Wir brauchen uns das Handeln des Heiligen Geistes in keiner Weise madig machen zu lassen: Es ist im Neuen Testament klar und deutlich definiert. Wir brauchen nichts anderes zu tun, als in der Schrift zu forschen. In Petri Pfingstpredigt ist die Rede davon, was geschieht, wenn der Geist Gottes über alles Fleisch ausgegossen wird: Die Menschen werden weissagen, Visionen empfangen und Träume haben. Und als der Geist an jenem Tage tatsächlich über die 120 Jünger kam, redeten sie in neuen Zungen. Durch die ganze Apostelgeschichte hindurch wiederholen sich diese Manifestationen des salbenden und Kraft verleihenden Wirkens des Heiligen Geistes an den Gläubigen. Jedesmal, wenn der Geist fiel, geschah dasselbe: Die Menschen redeten in Zungen und weissagten. Als Petrus den Heiden im Hause des Cornelius diente und das Unerwartete geschah, indem der Heilige Geist auf die Zuhörer fiel, während Petrus noch am Reden war, was überzeugte da die gläubigen Juden davon, daß es wirklich der Geist Gottes war? Hören wir Gottes Wort selbst:

> *Während Petrus noch diese Worte redete, fiel der Heilige Geist auf alle, die das Wort hörten. Und die Gläubigen aus der Beschneidung, so viele ihrer mit Petrus gekommen waren, gerieten außer sich, daß auch auf die Nationen die Gabe des Heiligen Geistes ausgegossen worden war; denn sie hörten sie in Sprachen reden und Gott erheben.* – Apg. 10,44 f.

Als Petrus später zu diesem Ereignis vor den Jerusalemer Aposteln Stellung nehmen mußte, waren es folgende Worte von ihm, die die messianischen Leiter überzeugten:

> *Während ich aber zu reden begann, fiel der Heilige Geist auf sie, so wie auch auf uns im Anfang.* – 11,15

Mit anderen Worten: Den Menschen im Hause des Cornelius widerfuhr genau dasselbe wie denen im Jerusalemer Obersaal zu Pfingsten, und zwar, daß sie in Zungen redeten und weissagten.

Der Heilige Geist befindet sich stets in perfekter Einheit mit der Heiligen Schrift. Es steht fest, daß es das Werk des Geistes ist, das Wort zu bestätigen:

> *Jene aber zogen aus und predigten überall, während der Herr mitwirkte und das Wort durch die darauf folgenden Zeichen bestätigte.* – Mk. 16,20

Die Humanismus-Falle

Nicht nur die listige, verkehrte Auslegung des Wortes Gottes seitens der Schlange war es, was Eva verführte, sondern auch ihre eigenen natürlichen Wünsche:

> *Und die Frau sah, daß der Baum gut zur Speise und daß er eine Lust für die Augen und daß der Baum begehrenswert war, Einsicht zu geben; und sie nahm von seiner Frucht und aß, und sie gab auch ihrem Mann bei ihr, und er aß.*

Was uns hier entgegentritt, ist wohl der erste Niederschlag des humanistischen Geistes. Die Quintessenz des Humanismus kann ohne weiteres auf den Punkt gebracht werden: Es ist die Fähigkeit, gemäß der menschlichen Natur Gutes und Schlechtes zu unterscheiden. Der Humanismus beschäftigt sich nicht damit, was rein und was verdorben ist. Er fragt nicht nach Wahrheit und Lüge oder Richtig und Falsch. Ihm geht es lediglich darum, was der menschlichen Natur, den menschlichen Wünschen oder dem menschlichen Auge gut oder schlecht erscheint. Eva sah, daß der Baum gute Früchte trug und begehrenswert aussah – warum also sollte seine Frucht verboten sein? Wenn etwas nicht bloß gut erscheint, sondern sich auch noch gut anfühlt und gut schmeckt, dann muß es doch von Gott sein, oder nicht? Schließlich gibt Gott

doch nur Dinge, die gut schmecken und sich gut anfühlen!
– Welch eine Täuschung! Wenn alles, was von Gott kommt,
im humanistischen Sinne gut ist, nämlich sich gut anfühlt
und meinen natürlichen Wünschen und Begierden entspricht, während alles, was sich schlecht anfühlt und
Schmerz verursacht, vom Teufel kommt, dann kenne ich
Gott nicht und vermag auf den Seiten der Bibel keine Spur
von ihm und seinen Werken zu finden. Dann müßte ich Si-
mon Petrus Recht geben, der auf die erste Mitteilung, daß
Jesus sich anschickte, gekreuzigt zu werden, wie folgt rea-
gierte:

> *Und Petrus nahm ihn beiseite und fing an, ihn zu*
> *tadeln, indem er sagte: Gott behüte dich, Herr!*
> *Dies wird dir keinesfalls widerfahren. Er aber*
> *wandte sich um und sprach zu Petrus: Geh hinter*
> *mich, Satan! Du bist mir ein Ärgernis, denn du*
> *sinnst nicht auf das, was Gottes, sondern auf das,*
> *was der Menschen ist.* – Mt. 16,22 f.

Welch bemerkenswerte Offenbarung! Petrus wollte dem
Herrn gut zureden, freundlich und nett zu seinem Meister
sein. Er wollte ihn gern davon abhalten, diesen schmerzhaf-
ten, qualvollen Weg ans Kreuz zu gehen. Doch Jesus ordnet
diesen Ausdruck natürlich-humanistischer „Güte" als satanisch ein. Wirklich gut ist nicht das, was menschlichem
Dafürhalten entspricht, sondern nur das, was mit dem Willen Gottes, wie er in seinem Wort niedergelegt ist, überein-
stimmt. Diese ganze Thematik bereitet der Kirche heute un-
geheure Probleme. Wir wissen gar nicht, wie tief dieser
Geist des Humanismus bereits in alle Ebenen kirchlichen
Lebens und Wirkens eingedrungen ist. In diese Falle tappen
Christen allenthalben. Sie kriechen Predigern auf den Leim,
die entweder mit Gottes Wort nicht vertraut sind oder es um
ihres Vorteils willen hintanstellen und verkündigen: Was uns
gut tut, das ist von Gott! Und indem sich Gottes Volk Schritt

um Schritt allen möglichen geistlichen Erfahrungen öffnet, wird nur eine einzige Meßlatte angelegt, um zu unterscheiden, ob etwas göttlich ist oder nicht: Ist es ein gutes Erlebnis oder nicht? Wie kann es angehen, daß wir so dämlich, unwissend und naiv geworden sind? Ist es nicht so, daß es eine Menge Erfahrungen mit Gott gibt, die sich ausgesprochen schmerzhaft und negativ anfühlen? Andererseits ist der Teufel genauso in der Lage, „gute" Dinge anzubieten – gut in dem Sinne, daß sie der menschlichen Natur gefallen –, wie er üble und böse tun kann. Nur solange wir uns strikt an die Leitlinien und Grenzen halten, die das heilige Wort Gottes zieht, können wir sicher sein, daß wir wirklich Gott und seine Güte erleben.

Folgendes Jakobuswort vermag uns zu ernüchtern:

> *Die Weisheit von oben aber ist erstens rein, sodann friedvoll, milde, folgsam, voller Barmherzigkeit und guter Früchte, unparteiisch, ungeheuchelt. –* 3,17

Beachten Sie bitte: Die erste und hervorstechendste Qualität göttlicher Weisheit ist Reinheit – nicht Liebe, Freundlichkeit oder Güte, sondern Reinheit in Glauben und Lehre. Wir müssen entschlossen auf die Probe stellen, inwieweit die Weisheit, die uns anspricht, im Einklang mit Gottes Wort steht – dem Wort, das siebenmal im Feuer geläutert und gereinigt ist.

Der Geist des Antichristen

In seiner Matthäus 24 überlieferten Rede zeigt der Herr Jesus auf, daß die Tage des Kommens des Menschensohnes von weitverbreiteter Gesetzlosigkeit gekennzeichnet sein werden. Diese Gesetzlosigkeit wird beständig zunehmen, so lange, bis mit dem Offenbarwerden des „Menschen der Gesetzlosigkeit", des Antichristen, ihr Tiefpunkt erreicht sein wird (Mt. 24,12.15).

Worin besteht Gesetzlosigkeit? Gesetzlosigkeit ist schlicht und einfach völliges Abweichen vom Wort Gottes. Denn Gottes Wort ist das Gesetz, folglich müssen wir Gesetzlosigkeit als Beiseiteschieben oder Bruch des Wortes Gottes auffassen. Dieser Vorgang ist natürlich alles andere als neu. Von Anbeginn an war genau das des Teufels Ziel, doch in der Endzeit wird es sehr viel schlimmer werden: Gesetzlosigkeit wird die Norm der menschlichen Gesellschaft sein. Was daran wirklich zu erschrecken vermag, ist, daß dies nicht nur in der weltlichen Gesellschaft abläuft, sondern auch die Kirche vom Geist der Gesetzlosigkeit heimgesucht wird. Im Raum der Kirche ist der Trend zur Gesetzlosigkeit ganz besonders in unserem Jahrhundert sichtbar geworden, ausgehend vom Aufkommen der liberalen Theologie in Deutschland um die Jahrhundertwende. Ein wesentlicher Schritt auf dieser abschüssigen Bahn des Abfalls bestand in der Zurückweisung des Alten Testaments als inspiriertes Wort Gottes. Der liberalen Theologie zufolge war lediglich das Neue Testament als Gottes Wort mit bindender Autorität für die Kirche anzusehen. Das Alte Testament dagegen enthielt nichts anderes als ästhetische Poesie, Mythen und natürlich jüdische Geschichtsschreibung. Diese neue Beschäftigung mit gesetzloser Theologie sollte für das jüdische Volk katastrophale Konsequenzen zeitigen. Das dämonische Ungeheuer namens Adolf Hitler und seine von Grund auf böse Nazibewegung zogen auf schlaue Weise Nutzen aus dieser neuen Theologie, derer sich Hitler zu bedienen wußte, um seinen Judenhaß zu rechtfertigen. Denn wenn das Alte Testament nichts anderes als ein schieres Geschichtsbuch des jüdischen Volkes und nicht etwa Gottes heiliges, inspiriertes Wort ist, dann hat Gott auch keine weiterreichenden Pläne mit den Juden. Dann sind sie längst nicht mehr sein auserwähltes Volk – wenn sie es denn jemals waren. Gott wandte sich von ihnen ab, als sie sich gegen ihn erhoben und seinen Sohn ermordeten. Seitdem sind sie dem Untergang geweiht und gehen der ewigen Verdammnis entgegen. Sie zu töten wäre dann geradezu ein Dienst an Gott und der Menschheit, nicht anders als Saulus vor seiner Bekehrung glaubte, er tue Gottes Werk, indem er die Christen umbrachte. Das ist ein erschreckendes Beispiel der tragischen Konsequenzen, die es mit sich bringt, wenn die Bibel nicht mehr als wahrhaftiges, lebendiges Wort Gottes geachtet wird. Ferner gilt es zu bedenken, daß die Prediger des frühen Christentums keine Grundlage ihrer Verkündigung besessen hätten, wenn das Alte Testament nicht Gottes Wort wäre. Als der Apostel Petrus am Pfingsttage seine kraftvolle Predigt hielt, in deren Folge sich 3000 Menschen bekehrten, predigte er das Evangelium aus dem Alten Testament – schlicht und einfach deshalb, weil es noch gar kein Neues Testament gab, aus dem er hätte predigen können. Und als Paulus die antike Welt bereiste und aus den Schriften bewies, daß Jesus der Christus, der verheißene Messias, sei, da war seine einzige Textgrundlage das Alte Testament.

Traurigerweise hat es später in der Kirchengeschichte auch viele Angriffe auf das Neue Testament gegeben, Angriffe, die die göttliche Inspiriertheit einiger zentraler Aussagen in Frage stellten. Wir sind Zeugen geworden, wie protestantische Bischöfe die Jungfrauengeburt des Erlösers, die Wirklichkeit der Auferstehung und die Wunder, die Jesus tat, negierten. Darüber hinaus mißachten weite Teile der Großkirchen heute das, was das Neue Testament über Homosexualität, Abtreibung, die Voraussetzungen für das geistliche Amt und vieles andere zu sagen hat. Kürzlich debattierte die Jahressynode einer großen protestantischen Kirche ernstlich die Frage, ob man nicht die Lehre über die Existenz der Hölle aus seiner Dogmatik streichen solle. Diejenigen, die dieses Anliegen vertraten, machten geltend, die Hölle sei eine gar zu negative Vorstellung und widerspreche der christlichen Liebe.

Wenn es schließlich um die Juden und Israel geht, haben wir mit Teilen der evangelikalen und charismatischen Bewegung zu tun, die zwar die Schriftstellen über das alte Gottesvolk nicht gerade ausradiert haben, sie aber dahingehend umdeuten, daß sie nicht länger von Israel, sondern von der Gemeinde Jesu handeln. Die Gemeinde soll in dieser Kategorie des Abfalls von der Schrift das „geistliche Israel" sein.

All dies und vieles mehr kann nicht anders namhaft gemacht werden denn als Werk des Geistes der Gesetzlosigkeit, so schauderhaft das auch klingen mag.

Wie charakterisiert die Bibel das Werk des antichristlichen Geistes?

Das Alte Testament gibt uns in Psalm 2,1 ff. klaren Aufschluß darüber, wie der Geist des Antichristen in der Welt wirkt:

> *Warum toben die Nationen und sinnen Eitles die Völkerschaften? Es treten auf Könige der Erde, und Fürsten tun sich zusammen gegen den HERRN und seinen Gesalbten: „Laßt uns zerreißen ihre Bande und von uns werfen ihre Stricke!"*

Sehr deutlich tritt die wahre Zielsetzung dieser weltweiten, internationalen Rebellion gegen den Herrn, seinen Sohn und alles, was er tun will, zutage: „Laßt uns zerreißen ihre Bande und von uns werfen ihre Stricke!" Es geht um nicht mehr oder weniger als einen totalen Krieg gegen Gottes Gebote und sein heiliges Wort, das die gesetzlose Natur gottloser Menschen im Würgegriff des antichristlichen Geistes als unerträgliche Fessel empfindet. Der Geist des Antichristen wird nicht ruhen, bevor er Autorität und Einfluß des Wortes Gottes auf allen Ebenen menschlichen Lebens ausgemerzt hat.

Das Wort Gottes nennt den Antichristen in 2. Thessalonicher 2,3 „den Menschen der Gesetzlosigkeit". Im Fortgang des Textes beschäftigt sich Paulus mit dem Ziel des Antichristen, Gottes Stellung und Gottes Platz einzunehmen. Bevor er diesen Platz jedoch einnehmen kann, muß etwas beseitigt werden, was dem vollen Offenbarwerden des Menschen der Gesetzlosigkeit im Wege steht. Nach meiner Auffassung ist der Eine, der im Wege steht, der Heilige Geist im Leib Jesu. Für meine Begriffe gibt es in der endzeitlichen Welt keine Körperschaft neben dem geisterfüllten, glaubenden Leib Jesu, der es möglich wäre, das Vorankommen des Gesetzlosen zu hemmen. Auch Gottes Volk wird das freilich nur können, wenn es um jeden Preis für die Wahrheit und Autorität des Wortes Gottes einsteht. Es ist so herrlich zu wissen, daß die Offenbarwerdung des Gesetzlosen in der Endzeit nur stattfinden wird, auf daß der Herr Jesus ihn beseitige „durch den Hauch seines Mundes" und vernichte „durch die Erscheinung seiner Ankunft" (V. 8).

Worauf wir aber in diesem Zusammenhang achten müssen, zeigt die feierliche Warnung desselben Abschnitts:

Der Böse aber wird in der Macht des Satans auftreten mit großer Kraft und lügenhaften Zeichen und Wundern und mit jeglicher Verführung zur Ungerechtigkeit bei denen, die verloren werden, weil sie die Liebe zur Wahrheit nicht angenommen haben, daß sie gerettet würden. – Vv. 9f. LÜ 1984

Lügenhafte Wunder

Man muß es immer und immer wieder sagen: Das Auftreten von Zeichen und Wundern allein beweist noch lange nicht, daß Gott am Werk ist. Der Teufel ist in der Lage, seine eigenen Zeichen und Wunder zu vollbringen. Sie zeichnen sich dadurch aus, daß sie zwar den Anschein erwecken, es passierten gewaltige Dinge, während in Wahrheit überhaupt nichts Substantielles geschieht. Dieses Phänomen ist mit der

Wendung „lügenhafte Wunder" gemeint. Kommt es im Leben eines Menschen, dem ein Wunder widerfährt, nicht zu einer grundlegenden Veränderung, so liegt ein „lügenhaftes Wunder" vor. Wenn zum Beispiel ein Kranker unter mächtigem äußeren und emotionalen Brimborium von der „Kraft" angerührt wird, aber seine Krankheit nicht weicht, so sind wir Zeugen eines „lügenhaften Wunders". Alles, was Satan tut, geschieht unter aufsehenerregendem, spektakulärem Feuerwerk, das nichts weiter ist als Schall und Rauch. Nur eines kann uns davor bewahren, auf diese raffinierte, subtil angelegte Taktik hereinzufallen: eine tief in unserem eigenen Herzen wurzelnde Liebe für die Wahrheit des Wortes Gottes. „Vergessen" wir es, Dinge, die geschehen, am Wort Gottes zu überprüfen, oder haben wir einfach keine Lust zu solcher Prüfung, so haben wir nicht den Hauch einer Chance, der Verführung zu entgehen. Nirgendwo ist der Teufel so stark wie in der menschlichen Gefühlswelt. Gefühle können uns vorgaukeln, wir seien dem Heiligen Geist begegnet und hätten Gemeinschaft mit Gott gehabt, doch solche Gefühle können sich im Handumdrehen verflüchtigen, ohne daß es in unserem Leben zu einer wirklichen, dauerhaften Veränderung gekommen wäre: keine bleibende Befreiung, keine beständige Fülle frischer Liebe, keine echte Heilung von Krankheit – dann, ich kann es nicht anders sagen, war alles nur leerer Schein. Es war kein echtes Wunder, sondern ein „lügenhaftes", vorgetäuschtes. Stets müssen wir in der Lage sein, Dinge, die geschehen, anhand des unfehlbar wahren Wortes Gottes zu verifizieren. Zeigt sich dann, daß ein Wunder kein biblisches Vorbild hat und sich im Rahmen der biblischen Offenbarung darüber, wie Gott wirkt, nicht verankern läßt, so tun wir gut daran, den ganzen Vorgang abzulehnen und uns im Namen des Herrn davon zu distanzieren.

In Verbindung mit übernatürlichen Erfahrungen hört man oft, daß die Menschen, die diese Erfahrungen machten, mehr Liebe bekommen hätten. Ich möchte in aller Demut sagen, daß das für sich allein gar nichts beweist. Wer sagt, daß es sich um mehr als ein seelisch-gefühliges Liebesempfinden handelt? Das darf man nicht mit der Liebe Gottes gleichsetzen. Der echte, schriftgemäße Nachweis dafür, daß jemand Gott liebt, liegt nicht in seelischen Gefühlen, sondern in einer gehorsamen Willensentscheidung. Worin besteht die Liebe zu Gott? Lassen wir den Herrn Jesus selbst antworten:

> *Wenn ihr mich liebt, so werdet ihr meine Gebote halten.* – Joh. 14,15

Nur so manifestiert sich echte Liebe zu Gott – nur darin, daß wir treu zu seinem Wort stehen und begierig darauf sind, es zu tun.

Das bekräftigt der Apostel, den Jesus liebte und der diese Liebe in inniger Vertrautheit erwiderte:

> *Denn dies ist die Liebe Gottes, daß wir seine Gebote halten, und seine Gebote sind nicht schwer.* – 1. Joh. 5,3

Die Autorität des Wortes Gottes

Was sagt Gott über sein eigenes Wort? Was die Bibel über die Bibel? Das zu wissen, ist selbstverständlich enorm wichtig.

In der Bergpredigt gab der Herr Jesus folgendes Statement ab:

> *Meint nicht, daß ich gekommen sei, das Gesetz oder die Propheten aufzulösen; ich bin nicht gekommen, aufzulösen, sondern zu erfüllen. Denn wahrlich, ich sage euch: Bis der Himmel und die Erde vergehen, soll auch nicht ein* Jota *oder ein*

Strichlein von dem Gesetz vergehen, bis alles ge-
schehen ist. Wer nun eins dieser geringsten Gebote
auflöst und so die Menschen lehrt, wird der Ge-
ringste heißen im Reich der Himmel; wer sie aber
tut und lehrt, der wird groß heißen im Reich der
Himmel. – Mt. 5,17 ff.

Das Jota ist der kleinste Buchstabe im hebräischen Alpha-
bet, und mit „Strichlein" meint Jesus wohl ein Vokalzeichen,
das aus einem einzigen Punkt bestehen kann.

Kann man es noch deutlicher ausdrücken? Die Autorität
des Wortes Gottes ist gewichtiger als Himmel und Erde zu-
sammengenommen; und selbst wenn diese vergehen, wird
noch nicht ein Akzent vom Wort Gottes vergangen sein. Wie
können wir es wagen, daran herumzupfuschen, geschweige
denn Bestandteile des Wortes zu ignorieren? Jesus redet vom
Gesetz und den Propheten, d.h. von dem, was wir das Alte
Testament nennen! Wie kann da jemand auf die verrückte
Idee kommen, das Alte Testament sei nicht Gottes inspiriertes, heiliges Wort?

Wenn wir es trotz alledem wagen, die Wahrheit und Autorität des Wortes in Zweifel zu ziehen, steht uns Gottes
furchteinflößende Warnung entgegen:

Ich bezeuge jedem, der die Worte der Weissagung
dieses Buches hört: Wenn jemand zu diesen Din-
gen hinzufügt, so wird Gott ihm die Plagen hinzu-
fügen, die in diesem Buch geschrieben sind; und
wenn jemand von den Worten des Buches dieser
Weissagung wegnimmt, so wird Gott seinen Teil
wegnehmen von dem Baum des Lebens und aus der
heiligen Stadt, von denen in diesem Buch ge-
schrieben ist. – Offb. 22,18 f.

Kapitel 8

Zurück zum Kreuz

Angesichts des starken Verführungsgeistes, dessen Angriffe auf die Kirche wir in den Tagen des Kommens des Menschensohnes gewärtigen müssen, ist es lebensnotwendig, daß wir zur Heiligen Schrift, zur Einfalt in Christus und zur Zentralität des Kreuzes Jesu Christi zurückkehren. Denn ohne feste Fundamente wird unser christliches Haus dem Sturm nicht standhalten. Im Abschluß seiner Bergpredigt zeichnet Jesus uns ein überaus ernstes Bild von den Realitäten der letzten Tage:

> *Jeder nun, der diese meine Worte hört und sie tut, den werde ich einem klugen Mann vergleichen, der sein Haus auf den Felsen baute; und der Platzregen fiel hernieder, und die Ströme kamen, und die Winde wehten und stürmten gegen jenes Haus; und es fiel nicht, denn es war auf den Felsen gegründet. Und jeder, der diese meine Worte hört und sie nicht tut, der wird einem törichten Mann verglichen werden, der sein Haus auf den Sand baute; und der Platzregen fiel hernieder, und die Ströme kamen, und die Winde wehten und stießen an jenes Haus; und es fiel, und sein Fall war groß. – Mt. 7,24-27*

Beachten Sie bitte: Diese Warnungen sprach der Herr in dem Zusammenhang aus, in dem er von Menschen redete, die in seinem Namen geweissagt, Dämonen ausgetrieben und viele

Wunder getan hatten. Nichtsdestotrotz kannte Jesus sie nicht, akzeptierte sie nicht als wirkliche Jünger. Mit einem scharfen Scheltwort wies er sie ab: „Hinweg von mir, ihr Täter der Gesetzlosigkeit!" (V. 23 Menge.) Er strich in diesem Zusammenhang das heraus, was wirklich zählt: nicht, daß einer *Herr, Herr!* sagen kann, sondern daß er den Willen des himmlischen Vaters tut (V. 21). Daraus müssen wir den Schluß ziehen, daß wir es mit all unseren übernatürlichen Erfahrungen riskieren, den Zug zu verpassen, solange wir uns nicht der Autorität des göttlichen Willens beugen, so wie er sich im Wort Gottes ausdrückt. Ist das Wort Gottes nicht unsere oberste Autorität, so daß wir uns ihm unterwerfen und alles, was wir tun und erfahren, an ihm ausrichten und beurteilen, so praktizieren wir Gesetzlosigkeit.

Die zwei Häuser in dem Gleichnis, das Jesus erzählt, scheinen sich von außen betrachtet durch nichts unterschieden zu haben. Sie sahen völlig identisch aus. Der entscheidende Unterschied entzog sich dem Auge; er verbarg sich im Erdreich. Hier lernen wir etwas über Fundamente. Bauen wir auf dem richtigen Grund? Bilden das Wort Gottes, die Einfalt in Christus und die Zentralität des Kreuzes unsere alleinige Basis?

Genau wie die Zeitgenossen Jesu lassen auch wir uns mächtig von „Zeichen und Wundern" beeindrucken. Nie zuvor hat es eine Generation von Christen gegeben, die dermaßen auf Kraftwirkungen versessen war wie die unsere. Das betrifft natürlich in erster Linie die charismatisch-christliche Szene. Wir hören von „*Power*-Evangelisation", „*Power*-Lobpreis" und „*Power*-Gebet". Auch wird alles und jedes mit dem Prädikat „explosiv" versehen. Nun ist es ohne Zweifel an der Zeit, wenn wir denn jemals unserer Berufung gerecht werden wollen, von schwächlich-hinfälligem Gemeindewesen wegzukommen und mit der Kraft aus der Höhe angetan zu werden. Doch wenn *Power* unser Dreh- und Angelpunkt wird und unsere meiste Aufmerksamkeit beansprucht, dann laufen wir ernstlich Gefahr.

90

Auch in den Tagen Jesu wollten die Leute Zeichen vom Himmel erfahren. Jesus aber warnte sie:

> *Ein böses und ehebrecherisches Geschlecht begehrt ein Zeichen, und kein Zeichen wird ihm gegeben werden als nur das Zeichen Jonas, des Propheten. Denn gleichwie Jona drei Tage und drei Nächte in dem Bauch des großen Fisches war, so wird der Sohn des Menschen drei Tage und drei Nächte im Herzen der Erde sein.* – Mt. 12,39 f.

Die nächsten Verse müssen uns alle, die wir „kraftversessen" sind, heftigst aufrütteln:

> *Männer von Ninive werden aufstehen im Gericht mit diesem Geschlecht und werden es verdammen, denn sie taten Buße auf die Predigt Jonas; und siehe, mehr als Jona ist hier. Eine Königin des Südens wird auftreten im Gericht mit diesem Geschlecht und wird es verdammen, denn sie kam von den Enden der Erde, um die Weisheit Salomos zu hören; und siehe, mehr als Salomo ist hier.* – Vv. 41 f.

Die Torheit der Predigt

Hier sagt der Herr Jesus in aller Deutlichkeit, daß wir nicht nach dem Außergewöhnlichen und Sensationellen, nach äußeren Zeichen, suchen, sondern begreifen sollten, daß Gottes Erlösungsmacht im vollendeten Kreuzeswerk Jesu zusammengefaßt ist, in der Predigt des Evangeliums und der weisen Lehre des Wortes Gottes. Daran sollte unser Herz hängen, darauf unsere ganze Aufmerksamkeit gerichtet sein. Gott will uns keinen anderen Brennpunkt geben, der uns ihm nahebringen könnte.

Es macht mich krank, wenn ich höre, welche Mühe man sich in manchen charismatischen Kreisen gibt, von der Predigt des gekreuzigten Christus wegzukommen, indem man sie durch Sketche und Theaterstücke ersetzt. Dahinter steckt die Philosophie, daß die Kirche den modernen Menschen nicht mehr anzuziehen vermag, weil das, was sie bietet, zu langweilig und zu negativ ist. Unterhalten wollen die Leute sein, lachen wollen sie können, nicht sich von etwas Mißvergnüglichem treffen lassen, das womöglich ihren geistlichen Schlummer stören könnte, so daß sie erwachten und sich bußfertig vor Gott niederwerfen müßten. Niemand möchte von Sünde, Gericht und Hölle hören, niemand von den Kosten der Nachfolge Jesu und der Jüngerschaft. Niemand möchte sich in die harte Arbeit anhaltenden Gebets hineinziehen lassen, ganz zu schweigen vom Fasten. Nein, nein, nein! Die Menschen wollen sich wohlfühlen und im Gottesdienst eine nette Zeit erleben. Also geben wir ihnen, was sie wollen. Genau das sagte der Leiter einer „Mega"-Gemeinde auf die Frage, warum seine Gemeinde die Wortverkündigung durch gute christliche Komödien ersetzt habe: „Weil es das ist, was die Leute wollen. Seitdem wir dieses neue Programm haben, haben wir sonntags ein volles Haus." Für einen Fernsehbericht über diese neue Welle im Gemeindeleben besuchten Reporter eine ziemlich traditionelle reformierte Gemeinde. Deren Kirche war sonntagsmorgens nur zu etwa einem Drittel besetzt. Gefragt, warum er nicht zugunsten einer humoresken Komödiantengaudi, bei der die Menschen sich wohlfühlen würden und die ihm zudem ein volles Haus bescheren könnte, von der Wortverkündigung abrücke, antwortete der reformierte Pastor: „Wenn ich Gottes Wort betrachte, bin ich ganz und gar nicht davon überzeugt, daß wir zur Kirche gehen sollten, um uns wohlzufühlen und fröhlich zu sein. Im Gegenteil: Ich glaube, Gott möchte uns oftmals traurig machen und durch die Konfrontation mit seinem Wort zur Buße führen." Das ist so wahr!

Wir sind kein bißchen anders, geschweige denn besser als die Menge, die nach dem Bericht der Evangelien Jesus nachfolgte. Solange sie dem Herrn beim Wunderwirken zusehen und sich durch seine Wunder auch noch den Bauch vollschlagen konnten, rannten die Leute ihm nach, wohin er auch gehen mochte. Doch als er anfing, ihnen von Jüngerschaft, von Selbstaufgabe, vom Drangeben fleischlicher Gelüste und von kompromißloser Nachfolge zu sprechen, von einem Leben in radikaler Hingabe an seinen Willen, bekam er augenblicklich folgende Antwort von ihnen:

Viele nun von seinen Jüngern, die es gehört hatten, sprachen: Diese Rede ist hart. Wer kann sie hören? – Joh. 6,60

Und als Jesus fortfuhr, sie zur Drangabe des fleischlichen Lebens und zu einem Wandel in den Dingen des Geistes anzustacheln, reagierten sie so:

Von da an gingen viele seiner Jünger zurück und gingen nicht mehr mit ihm. – V. 66

Am Schluß hatte Jesus nur noch sich selbst und die Zwölf. Er war nicht bereit, den Weg des Kreuzes zu verwässern, um sich eine „Mega"-Gemeinde aufzubauen.

Haben wir denn den Erlösungsweg vergessen, den Gott bestimmt hat? Es hat ihm gefallen, durch die Predigt des Evangeliums vom Kreuz diejenigen zu erretten, die glauben. Der Apostel Paulus faßte es so:

Denn das Wort vom Kreuz ist denen, die verlorengehen, Torheit; uns aber, die wir errettet werden, ist es Gottes Kraft ... Denn weil ja in der Weisheit Gottes die Welt durch die Weisheit Gott nicht erkannte, hat es Gott wohlgefallen, durch die Torheit der Predigt die Glaubenden zu erretten. Denn

*während Juden Zeichen fordern und Griechen
Weisheit suchen, predigen wir Christus als gekreuzigt, den Juden ein Ärgernis und den Nationen
eine Torheit; den Berufenen selbst aber, Juden wie
Griechen, Christus, Gottes Kraft und Gottes Weisheit.* – 1. Kor. 1,18.21-24

Gott möchte nicht, daß wir seine Weise zu kommunizieren
verändern oder damit herumspielen. Wir sind nicht dazu da,
daß wir das Evangelium auf irgendeine Weise modifizieren
oder anpassen, sei es, daß wir etwas von seiner Torheit wegnehmen möchten, so daß die Menschen es besser verstehen,
sei es, daß wir es durch attraktivere Präsentation eingängi-
ger gestalten möchten. Gott hat die Botschaft vom Kreuz für
den menschlichen Verstand und die menschliche Weisheit
unzugänglich gemacht. Es steht uns nicht an, es weniger
töricht zu machen, damit es mehr Menschen anziehe; denn
täten wir das, so brächen wir die Kraft des Evangeliums. Die
befremdliche, unbegreifliche Geschichte vom Sohn Gottes,
der in menschlichem Fleisch geoffenbart wurde, sich ans
Kreuz schlagen ließ und in äußerster Erniedrigung die Sünden der Welt trug, schließlich durch Gottes Kraft triumphal
aus dem Grab auferweckt wurde, muß stehenbleiben, wie sie
ist – mit all dem, was sie dem menschlichen Verstand zu-
mutet. Wir vermögen den „Griechen" dieser Welt keinerlei
weise Ausdeutung zu liefern. Und den „Juden" dieser Welt
können wir keine außergewöhnlichen, sensationellen äußeren Manifestationen bieten, die das Evangelium vom Kreuz
etwa unter Beweis stellten.

Schließlich steht es uns nicht zu, die Art und Weise zu
verändern, in der das Evangelium mitgeteilt werden soll,
nämlich durch den Verkündigungsdienst gesalbter Menschen. Vergessen wir nicht, daß der Heilige Geist niemals
Methoden salbt, sondern immer nur Menschen. Gott erwählte Männer, die sein Wort reden sollten, damit Menschen
gerettet würden. Die Wortverkündigung durch gesalbte Pre-

diger kann durch keine Show, keine Vorführung, kein Theaterstück und erst recht nicht durch den Schalk von Komödianten ersetzt werden. Und solche, die die Wortverkündigung in ihren Gemeinden zugunsten von frommem Singsang, Musicaldarbietungen und Vorführungen verschiedenster Art ganz ausgesetzt haben, haben sich von dem von Gott verordneten Weg, Sünder zum Kreuz zu bringen, verabschiedet. Zwar mögen wir uns aller kreativen Mittel der Welt bedienen, solange sie eine unterstützende Funktion haben; doch wovon wir niemals lassen dürfen, ist die Torheit der Verkündigung des Kreuzes durch gesalbte Gefäße. Davon lassen dürfen wir jedenfalls dann nicht, wenn wir echte und bleibende Resultate des Dienstes der Gemeinde sehen wollen.

Feinde des Kreuzes

Wie sehr betrübte es Paulus, sehen zu müssen, daß es unter den Christen zu Philippi solche gab, bei denen das Kreuz nicht mehr im Mittelpunkt stand!

> *Denn viele wandeln, von denen ich euch auch oft gesagt habe, nun aber auch mit Weinen sage, daß sie die Feinde des Kreuzes Christi sind: deren Ende Verderben, deren Gott der Bauch und deren Ehre in ihrer Schande ist, die auf das Irdische sinnen. –* Phil. 3,18 f.

Paulus vergoß Tränen, als er mitbekam, daß einige Gläubige ein christliches Leben nach ihren fleischlichen Gelüsten zu führen gewählt hatten. Dadurch hatten sie sich vom Leben unter dem Kreuz abgewandt; zum Mittelpunkt ihres Wandels mit dem Herrn hatten sie die Befriedigung ihrer irdischen Bedürfnisse und Begierden gemacht. Über ein solches kreuzloses Christsein konnte der Apostel nur weinen. Eine

Botschaft, ein Leben ohne Selbstverleugnung – wie verbreitet ist dieses „Evangelium" in unseren heutigen Gemeinden! Vielerorts, vor allem im Westen, beschäftigt uns nichts anderes mehr, als wie wir das Evangelium und die Güte Gottes zu unserem eigenen Gewinn ausschlachten können. Und keinesfalls darf uns das Wort Gottes irgendwelche Schmerzen zufügen, denn Schmerzen mögen wir nicht. Schmerz und Leiden streichen wir aus dem Inventar unseres Wandels mit dem Herrn und setzen eine zuckersüße, humanistische Botschaft an seine Stelle – so, als hätten wir die Worte des Meisters an seine Jünger vergessen:

> *Wenn jemand mir nachkommen will, der verleugne sich selbst und nehme sein Kreuz auf und folge mir nach. Denn wenn jemand sein Leben erretten will, wird er es verlieren; wenn aber jemand sein Leben verliert um meinetwillen, wird er es finden.* – Mt. 16,24 f.

Wahrem Christsein ist es nicht um ein gestärktes Selbstvertrauen und Selbstbild zu tun, sondern darum, wie man sich selbst verliert, sich selbst verleugnet. Und trotzdem drehen wir uns immerzu um uns selbst. Denn das liegt ja so sehr in unserer Natur: sich auf die eigenen Bedürfnisse und auf das eigene Selbstbild zu konzentrieren. Wenn das in den Mittelpunkt unseres Bewußtseins rückt und zu unserer Hauptbeschäftigung wird, wird unser Christsein kreuzlos. Folgen wir dem Herrn nach und klammern wir uns ans Kreuz, so werden wir frei von uns selbst und befähigt, uns selbst zu verlieren und zu verleugnen. Dann können uns das Leben Christi und die Kraft seiner Auferstehung erfüllen. Freilich ist die Botschaft vom Kreuz nicht populär, denn sie verursacht Schmerzen in unserem Leben. Und Schmerzen wollen wir nicht. Von Natur aus halten wir stets nach Dr. Schmerzlos Ausschau. Das war ein Zahnarzt in einer großen Stadt des amerikanischen Mittelwestens. Man nannte ihn so, weil er stets eine Überdosis Betäubungsmittel benutzte, so daß seine Patienten keinerlei Schmerz verspürten, während er ihre Zähne behandelte. Doch gab es einige Behandlungen, die ohne einen gewissen Grad an Schmerz nicht durchführbar waren. Diese Therapien führte Dr. Schmerzlos im Interesse der Aufrechterhaltung seines Rufs einfach nicht aus. Notwendige Wurzelbehandlungen beispielsweise ignorierte er und sanierte einfach den Zahnaufbau. Scharenweise strömten Patienten in seine Klinik, um schmerzfrei behandelt zu werden. Doch später dann bemerkten sie zu ihrem Schrecken einen mächtigen, anhaltenden Schmerz aus dem Zahnuntergrund. Ein Leben ohne das Kreuz mag uns für den Augenblick Freude und Frieden geben, auf lange Sicht jedoch wird es unseren Wandel mit dem Herrn zerstören und uns am Ende ewiges Verderben und ewigen Schmerz aufhalsen.

Weichen wir nicht ab von der Kreuzesbotschaft und einem Leben unterm Kreuz! Beachten wir folgende Warnung, die Paulus bezüglich der Tage des Kommens des Menschensohnes aussprach:

> *Predige das Wort, stehe bereit zu gelegener und ungelegener Zeit; überführe, strafe, ermahne mit aller Langmut und Lehre. Denn es wird eine Zeit sein, da sie die gesunde Lehre nicht ertragen, sondern nach ihren eigenen Lüsten sich selbst Lehrer aufhäufen werden, weil es ihnen in den Ohren kitzelt; und sie werden die Ohren von der Wahrheit abkehren und sich zu den Fabeln hinwenden. –*
> 2. Tim. 4,2 ff.

In dieser Zeit leben wir. Noch nie zuvor haben sich so viele im Volk Gottes von harten Wahrheiten, von den Realitäten des Wortes Gottes, abgewandt und statt dessen ihrem Wunschdenken und leeren pseudogeistlichen Phantastereien Raum gegeben.

Denn so wie in den Tagen Noahs wird es auch dann sein, wenn der Sohn des Menschen kommt.

Kapitel 9

Wenn der Feigenbaum blüht

Von dem Feigenbaum aber lernt das Gleichnis:
Wenn sein Zweig schon weich geworden ist und die
Blätter hervortreibt, so erkennt ihr, daß der Som-
mer nahe ist. So sollt auch ihr, wenn ihr dies alles
seht, erkennen, daß es nahe an der Tür ist. –
Mt. 24,32 f.

Und er sprach ein Gleichnis zu ihnen: Seht den
Feigenbaum und alle Bäume; wenn sie schon aus-
schlagen, so erkennt ihr von selbst, da ihr es seht,
daß der Sommer schon nahe ist. So erkennt auch
ihr, wenn ihr dies geschehen seht, daß das Reich
Gottes nahe ist. – Lk. 21,29 ff.

Die Worte des Herrn Jesus in seiner großen Rede über das
Ende dieses Zeitalters streichen viele dramatische Ereignisse
als Zeichen der Zeit seiner Wiederkunft auf die Erde heraus.
Die meisten dieser Zeichen – nein, sogar alle bis auf zwei –
haben mit Ereignissen und Phänomenen zu tun, die in der
Geschichte der Menschheit nicht neu sind. Solange Menschen auf Erden siedeln, hat es Betrug und Irrtum gegeben.
Kriege, Hungersnöte, Seuchen und Erdbeben sind der
menschlichen Geschichte in keiner Weise fremd. Trübsale,
Verfolgungen und Martyrien der Heiligen sind der Kirche
von allem Anfang an auf dem Fuße gefolgt. Himmelszei-
chen, wie Jesus sie erwähnt, sind im Laufe der Jahrhunderte
in regelmäßigen Abständen aufgetreten. Es kann jedoch kei-

nen Zweifel daran geben, daß all diese Zeichen in den letzten Tagen vor dem Kommen des Menschensohnes in ganz ungewöhnlicher Weise mächtig zunehmen werden. Die Drangsal etwa wird so schwer sein,

> *wie sie von Anfang der Welt bis jetzt nicht gewesen ist noch je sein wird.* – Mt. 24,21

Und, so schließt der Herr Jesus,

> *wenn jene Tage nicht verkürzt würden, so würde kein Fleisch gerettet werden; aber um der Auserwählten willen werden jene Tage verkürzt werden.* – V. 22

Und was die Verführung angeht, so wird sie derart mächtig sein, daß sie, „wenn möglich, auch die Auserwählten" zu täuschen versuchen wird (V. 24). Das heißt: Ohne den außerordentlichen, übernatürlichen Schutz vonseiten Gottes würde der ganze Leib Christi abspenstig gemacht werden. Moralische Korruption ist von jeher Teil der menschlichen Gesellschaft gewesen, doch in diesen letzten Tagen wird der Verfall die Dimensionen der Zeit Noahs annehmen. Es wird eine moralische Zersetzung werden, die völlig unumkehrbar ist und der nur noch durch totale Zerschlagung zu steuern sein wird.

Das eine Zeichen mit Ausnahmecharakter, weil ohne geschichtlichen Vorläufer, ist die Erfüllung des Missionsbefehls, wie sie in Vers 14 erwähnt wird.

Das zweite Zeichen – und ihm wollen wir im vorliegenden Kapitel unsere Aufmerksamkeit zuwenden – ist das „Ausschlagen des Feigenbaumes". Die Art und Weise, in der Jesus dieses Zeichen zur Sprache bringt, vermittelt einem den Eindruck, die Sache mit dem Feigenbaum sei jenes Zeichen, das alle anderen beglaubigt. Im Zusammenhang mit dem Feigenbaum benutzt Jesus folgende Wendungen: „Seht den Feigenbaum und alle Bäume"; „... daß dieses Geschlecht *nicht* vergehen wird, bis alles geschehen ist" (Lk. 21,32). Gemeint ist das Geschlecht, die „Rasse" der Juden.

Mit anderen Worten: Wenn der Feigenbaum – das nationale Symbol Israels – blüht und gleichzeitig all die anderen Zeichen geschichtliche Tatsachen werden, dürfen wir gewiß sein, daß der Herr Jesus auf der Schwelle steht. Die nationale Wiedergeburt und Wiederherstellung Israels ist das Zeichen, das alle anderen beglaubigt, so daß wir zweifelsfrei wissen, daß wir tatsächlich in der unmittelbaren Zeit des Kommens des Menschensohnes leben.

Ferner hilft uns Jesus, die Zeiten zu verstehen, indem er folgendes bemerkenswertes Wort hinzufügt:

Der Himmel und die Erde werden vergehen, meine Worte aber sollen nicht vergehen. – Mt. 24,35

Es ist, als wollte der Herr uns sagen, daß wir, wenn der große, alles umwerfende Aufruhr geschieht und es uns vorkommen wird, als fielen Himmel und Erde in Stücke, mit unmißverständlicher Klarheit wahrnehmen werden, daß das prophetische Wort, das Gott einst durch seine Seher ausrichten ließ und das uns seit langem in Vergessenheit geraten war, an das wir nicht mehr glaubten, vor unseren eigenen Augen in Erfüllung gehen wird.

2000 Jahre nachdem er gestutzt und schließlich ausgerissen worden war, weil der Herr die Frucht nicht vorfand, die er daran suchte, ist der Feigenbaum wieder in seinen angestammten Boden eingesetzt worden. Er wurde abgetan, als er seinem Eigner unbrauchbar erschien, nachdem er gekommen war, um Frucht an ihm zu finden. In Matthäus 21, im Verlauf seiner Gespräche mit den Jüngern und Auseinandersetzungen mit den Schriftgelehrten und Pharisäern, erläutert Jesus dieses tragische Geschick des jüdischen Volkes. Dazu bedient er sich sowohl einer Episode mit einem tatsächlichen Feigenbaum als auch eines Gleichnisses, in

dem es um einen Weinberg geht. Und im selben Kapitel, unmittelbar vor diesen Reden, finden wir den bemerkenswerten Bericht darüber, wie Jesus in den Tempel kam und in
großem Zorn über den Mißbrauch des Hauses seines Vaters
die Geldwechsler und Taubenverkäufer hinauswarf. In diesem Zusammenhang sprach er über die religiösen Führer
Israels folgendes schweres Urteil aus:

> *„Mein Haus wird ein Bethaus genannt werden";*
> *ihr aber habt es zu einer ‚Räuberhöhle' gemacht. –*
> Lk. 21,13

Mit anderen Worten: Israel ist von Gottes Zielsetzungen abgewichen und bringt dem lebendigen Gott keinen wahren
Gottesdienst mehr entgegen. Gott kann nicht die Frucht ernten, die er sich von Israel erwartete.

Im Gleichnis über den Weinberg (Mt. 21,33-43) ver-
pachtet der Eigentümer (Gott) seinen Weinberg (Israel) an
Weingärtner (die verantwortlichen Führer). Zur Zeit der
Lese sendet der Besitzer seine Knechte (die Propheten) zu
den Winzern, um den Ertrag des Weinberges einzuheimsen.
Doch die Weingärtner ergreifen die Knechte; den einen
schlagen sie, einen zweiten töten sie, ein dritter wird ge-
steinigt. Daraufhin schickt der Eigentümer noch ein zweites
Team von Knechten, dem es genauso ergeht. Schließlich
sendet er seinen Sohn. Doch die Winzer ergreifen auch den
Sohn und bringen ihn um, damit sie den Weinberg ganz für
sich haben – ein klarer Bezug auf die Zurückweisung und
Kreuzigung des Messias, des Sohnes Gottes, durch das jüdische Volk. Dieses Verständnis bestätigt Jesus durch ein
Schriftzitat:

> *„Der Stein, den die Bauleute verworfen haben, die-*
> *ser ist zum Eckstein geworden ..."* – V. 42

Und im folgenden Vers zieht er den Schluß:

Deswegen sage ich euch: Das Reich Gottes wird
von euch weggenommen und einer Nation gegeben
werden, die seine Früchte bringen wird.

Das weist auf den großen Schwenk der Heilshaushaltung
Gottes hin: weg vom alten Bundesvolk, Israel, und hin zum
Volk des neuen Bundes, der Gemeinde. Damit wird Israel
dem Rampenlicht entzogen. Es steht nicht mehr im Zentrum
der Aufmerksamkeit Gottes und seines Wirkens zur Erfüllung seiner Zwecke auf Erden.

Nicht ist damit jedoch gesagt, daß Israel für immer im
Schatten stehen soll. Das wird augenfällig, wenn wir jenen
Zwischenfall mit dem Feigenbaum betrachten, den Jesus
verfluchte, weil er keine Frucht trug, als er an ihn herantrat,
um sich etwas zu essen zu nehmen. Zwar starb der Feigen-
baum ab, nachdem Jesus ausgerufen hatte: „Nimmermehr
komme Frucht von dir in Ewigkeit!" (Mt. 21,19.) Doch die
Parallelerzählung Markus 11 zeigt ein bedeutsames Detail:
Er verdorrte von der Wurzel aufwärts. Mit anderen Worten:
Alles, was über dem Boden war, starb ab und verging. Die
Wurzel jedoch lag nach wie vor im Boden verborgen – als
Hinweis darauf, daß ein Tag kommen würde, an dem wieder Leben in ihr sein würde. Es blieb ein Stumpf erhalten,
aus dem zu gegebener Zeit wieder frische Schößlinge und
schließlich ein neuer Baum hervorgehen würden.

Das bestätigt der Apostel Paulus mit der nachdrückli-
chen Feststellung von Römer 11, daß Gott Israel nicht verstoßen habe (V. 1). Zwar hat er das Volk für einen geschichtlichen Abschnitt beiseitegeschoben, aber verstoßen
hat er es nicht. Paulus sagt: „Gott hat sein Volk nicht verstoßen, das er vorher erkannt hat" (V. 2 a), um dann auszu-
führen, daß Gott einen Überrest gelassen hat, einen Stumpf,
durch den er Israel wieder zum Leben erwecken, es wieder
in seine Herzensmitte aufnehmen und erneut durch Israel
seine Ziele auf Erden verfolgen wird. Der ganze weitere Gedankengang von Römer 11 gruppiert sich um das Bild eines

Ölbaumes. Der Apostel weist darauf hin, daß die Tatsache der abgeschnittenen Zweige nicht besagt, daß der ganze Baum tot ist. Nach wie vor ist die Wurzel übrig, und eines Tages, den Gott kennt, werden die abgeschnittenen und weggeworfenen Zweige wieder in den alten Stumpf eingesetzt werden. In keiner Weise hat Gott mit dem jüdischen Volk abgeschlossen. Im Gegenteil: Nach fast 2000 Jahren der Vergessenheit im Exil ist er dabei, es wieder zum Leben zu erwecken und in seine Pläne und Vorhaben mit der Welt einzubeziehen.

Gemäß Matthäus 24 sind wir in den letzten Tagen, den Tagen des Kommens des Menschensohnes, angekommen – und da steht der Feigenbaum in neuer Pracht, mit weichen Zweigen und frischen Blättern, und ist am Ausschlagen. So wissen wir, daß die Stunde des Kommens des Menschensohnes und des Kommens des Reiches Gottes nahe ist.

Beachten Sie, daß von Frucht immer noch nicht die Rede ist. Es gibt keinen Anschein dafür, daß der Feigenbaum etwa Frucht trüge. Das weist auf den Umstand hin, daß Israel im Zuge seiner Wiedergeburt und nationalen Wiederherstellung noch nicht in seine Fülle eingetreten ist. Noch weist es nur Zweige und Blätter auf – die Frucht muß erst noch kommen.

Noch befindet sich Israel in der formenden Hand Gottes. Die Nation steht noch nicht dort, wo Gott sie haben möchte, aber sie ist wahrhaftig auf dem Wege dahin. Das letzte Stadium des Werkes Gottes an Israel – seine Errettung und definitive Erlösung, der Tag, an dem ganz Israel gerettet werden wird, wenn die blinden Augen des Volkes aufgehen und den wahren Messias, den Herrn Jesus Christus, erkennen – liegt noch vor uns. Dieser herrliche weltgeschichtliche Moment steht im engen Zusammenhang mit dem Kommen des Messias. Doch die Kulissen dafür sind bereits aufgestellt, die Bühne wird vorbereitet. So gut wie alle Voraussetzungen für die Erlösung Israels sind schon erfüllt. Der Sommer ist nahegekommen – schon bald wird

Israel jene Früchte des Reiches Gottes tragen, um deretwillen Gott es erwählt und berufen hat.

Die Erneuerung Israels

Vom Propheten Ezechiel erfahren wir Gottes prophetische Tagesordnung für Israel. Die Kapitel 36–39 enthüllen einen Dreistufenplan zur Erneuerung Israels.

Die verdorrten Knochen

Als erstes geht es um die verdorrten Knochen, die wieder zusammengefügt werden. Damit ist der große, herrliche prophetische Moment der Rückkehr der Juden ins Land ihrer Vorväter nach zweitausendjährigem Exil unter den Heidenvölkern gemeint. Dieses Ereignis nennen wir den zweiten Exodus – wird doch dieses von Gott souverän in Szene gesetzte Wunder so atemberaubend sein, daß das Wunder des ersten Exodus, des Auszuges aus Ägypten, daneben bis zur Bedeutungslosigkeit verblassen wird, so daß es nicht einmal mehr der Erwähnung wert sein wird:

> *Denn siehe, Tage kommen, spricht der HERR, da wird man nicht mehr sagen: So wahr der HERR lebt, der die Söhne Israel aus dem Land Ägypten heraufgeführt hat! ... sondern: So wahr der HERR lebt, der die Söhne Israel aus dem Land des Nordens heraufgeführt hat und aus all den Ländern, wohin er sie vertrieben hatte! Und ich werde sie in ihr Land zurückbringen, das ich ihren Vätern gegeben habe. – Jer. 16,14 f.*

Anders als beim ersten Exodus, in dem die Juden aus einem einzigen Land herausgeführt wurden, werden sie beim zweiten und letzten aus allen vier Himmelsrichtungen zurückkehren. Und diese große Tat Gottes ist bereits in vollem Gange. Allein aus dem Land des Nordens sind während der letzten paar Jahre beinahe eine Million Juden nach Israel zurückgekehrt. Die verdorrten Knochen werden im Land zusammengefügt. Es ist von großer Bedeutung für uns, daß sie als „verdorrte Knochen" zurückkommen. Was Gott in unseren Tagen nach Israel zurückbringt, ist ein Volk, das im großen und ganzen noch in geistlicher Blindheit und im geistlichen Tod verharrt. Diese Menschen sind im Blick auf ihren Messias immer noch genauso ungläubig, wie sie es waren, als sie ihn zurückwiesen und ins Exil verbannt wurden. Das müssen wir unbedingt zur Kenntnis nehmen, damit wir nicht meinen, es sei Vorbedingung für ihre Rückkehr ins Heilige Land, daß sie Buße tun, sich zu ihrem Gott bekehren und Jesus als ihren Messias annehmen. Gottes Handeln mit dem jüdischen Volk folgt nicht den Prinzipien der Evangelisation unter den Heiden. Natürlich müssen die Juden am Ende zur Buße und zum Glauben an den Messias kommen, um errettet zu werden, genau wie wir. Denn einen anderen Erlösungsweg gibt es nicht. Doch Gott nimmt sich selbst das göttliche Privileg heraus, mit den Juden auf seine eigene, einzigartige Weise zu verfahren, um sie zur Errettung zu führen. Wer darum fordert, die Juden müßten ebenso evangelisiert werden wie alle anderen auch, damit Gott mit ihnen zu Rande kommen könne, der tut nicht nur der Souveränität Gottes Gewalt an, sondern steht auch im Widerspruch zur Schrift. Im Rahmen der neutestamentlichen Gemeinde haben wir uns so sehr daran gewöhnt, in puncto Erlösung individualistisch zu denken, daß uns in Vergessenheit geraten ist, daß Gott Israel grundsätzlich als Nation behandelt. Allein im Blick auf Israel spricht die Bibel von der Geburt eines ganzen Volkes an einem einzigen Tag:

> *Wer hat so etwas je gehört, wer hat dergleichen je gesehen? Wird ein Land an einem einzigen Tag zur Welt gebracht oder eine Nation mit einem Mal geboren? Denn Zion bekam Wehen und gebar auch schon seine Söhne. – Jes. 66,8*

Das Neue Testament drückt den Sachverhalt folgendermaßen aus:

> *Und so wird ganz Israel errettet werden, wie geschrieben steht: „Es wird aus Zion der Erretter kommen, er wird die Gottlosigkeiten von Jakob abwenden; und dies ist für sie der Bund von mir, wenn ich ihre Sünden wegnehmen werde." –* Röm. 11,26 f.

Die Haltung, die wir als Gemeinde Jesu Israel gegenüber einnehmen, und der Dienst, den wir ihm tun, sollten nicht evangelistisch ausgerichtet sein. Vielmehr sollten wir uns im Gebet und im Handeln Gott zur Verfügung halten, um ihm dabei zu helfen, die Knochen wieder zu sammeln – so trocken, wie sie sind.

Ein Leib entsteht

Sobald die Juden zurück im Lande sind bzw., da ihre Rückkehr ein Prozeß ist, der einige Zeit andauert, simultan und parallel dazu, formt Gott aus seinem Volk den Leib einer Nation. Darauf zielt folgendes Wort:

> *Und ich lege Sehnen an euch und lasse Fleisch über euch wachsen und überziehe euch mit Haut, und ich gebe Odem in euch, daß ihr wieder lebendig werdet. Und ihr werdet erkennen, daß ich der HERR bin. Und ich weissagte, wie mir befohlen war. Da entstand ein Geräusch, als ich weissagte, und siehe, ein Getöse: und die Gebeine rückten zusammen, Gebein an Gebein. Und ich sah, und siehe, es entstanden Sehnen an ihnen, und Fleisch wuchs, und Haut zog sich über sie oben darüber; aber es war noch kein Odem in ihnen. –* Ez. 6,6 ff.

Das ist die nächste Phase auf der Tagesordnung Gottes für die Erneuerung Israels: die Formung und Herausbildung eines nationalen Gefüges mit allen Vorkehrungen und Einrichtungen, derer eine nationale Existenz bedarf. Indem Gott einen Haufen verdorrter Knochen aus allen Nationen sammelt und sie zum Gerippe einer Nation zusammenfügt, vollbringt er ein weiteres gewaltiges Wunder. Klar, daß der Prophet ein „Getöse" vernahm. Klar auch, daß das Erscheinen einer wiedergeborenen israelitischen Nation auf der Weltbühne, ihr plötzliches Auftauchen aus dem Ozean der Völker, so viel Geraune und Wirbel verursacht hat. Und nicht nur das Volk erlebt eine nationale Wiedergeburt, sondern auch das Land. Jener schmale Streifen ausgedörrter Wüste, der jahrhundertelang nicht mehr war als ein Zufluchtsort für Beduinen mit ihren Kamel- und Ziegenherden, verwandelt sich in einen überaus fruchtbaren, wunderschönen Garten. Auch dies, wenn man darüber nachdenkt, ein großes Wunder, freilich eines, das im prophetischen Wort Gottes klar und deutlich angekündigt war (Ez. 36,30). Schließlich beobachten wir natürlich die Wiedergeburt des Hebräischen als Muttersprache des modernen Israel. Eine letzten Endes vergessene und begrabene Sprache ist plötzlich wieder zum Leben erwacht. Niemals ist mit irgendeiner anderen Sprache auf der Welt etwas Vergleichbares geschehen. Doch nach wie vor ist noch kein geistliches Leben in diesem Leib, auch wenn wir es nicht mehr nur mit verdorrten Knochen zu tun haben.

Die Erlösung Israels

Das ist die dritte und letzte Phase in diesem bemerkenswerten Prozeß der Erneuerung der israelitischen Nation – die geistliche Wiedergeburt, die Errettung oder Erlösung ganz Israels:

Und ich werde euch aus den Nationen holen und euch aus allen Ländern sammeln und euch in euer Land bringen. Und ich werde reines Wasser auf euch sprengen, und ihr werdet rein sein; von all euren Unreinheiten und von all euren Götzen werde ich euch reinigen. Und ich werde euch ein neues Herz geben und einen neuen Geist in euer Inneres geben; und ich werde das steinerne Herz aus eurem Fleisch wegnehmen und euch ein fleischernes Herz geben. Und ich werde meinen Geist in euer Inneres geben; und ich werde machen, daß ihr in meinen Ordnungen lebt und meine Rechtsbestimmungen bewahrt und tut. – Ez. 36,24-27

Und er sprach zu mir: Weissage dem Odem, weissage, Menschensohn, und sprich zu dem Odem: So spricht der Herr, HERR: Komm von den vier Winden her, du Odem, und hauche diese Erschlagenen an, daß sie wieder lebendig werden! Da weissagte ich, wie er mir befohlen hatte; und der Odem kam in sie, und sie wurden wieder lebendig und standen auf ihren Füßen, ein sehr, sehr großes Heer. – 37,9 f.

Soweit der Weg der Erneuerung Israels. Im Bild des Feigenbaums sahen wir, daß dieser Baum in den Tagen des Kommens des Menschensohnes wieder eingepflanzt sein wird; er wird Zweige und Blätter haben und im Ausschlagen begriffen sein. Doch das Letzte und Wichtigste steht noch aus: die Frucht. Dieses Vorhaben Gottes mit Israel ist irgendwie verknüpft und verbunden mit dem Kommen des Messias.

Sobald Israel in den letzten Abschnitt seiner wunderbaren Wiederherstellung eintritt, wird etwas absolut Einzigartiges geschehen. In einem Nu wird der Schleier der Verstockung, der Israel jahrhundertelang vor den Augen hing, weggezogen werden, und das Volk wird gewahrwerden, daß niemand anders als der Herr Jesus, der, den es einst von sich stieß, sein Messias ist. Das wird mit der herrlichen Erlösung einhergehen, die geschehen wird, sobald der Heilige Geist über das Haus Israel ausgegossen wird:

> *Aber über das Haus David und über die Bewoh-nerschaft von Jerusalem gieße ich den Geist der Gnade und des Flehens aus, und sie werden auf mich blicken, den sie durchbohrt haben, und wer-den über ihn wehklagen, wie man über den ein-zigen Sohn wehklagt, und werden bitter über ihn weinen, wie man bitter über den Erstgeborenen weint.* – Sach. 12,10

In jenem geschichtlichen Moment in der Zeit des Kommens des Menschensohnes wird eine ganze Nation wiedergeboren, wird ganz Israel errettet werden! Dann wird Israel voll und ganz in den ewigen Plan zurückkehren, den Gott für es hat. Und seine Errettung wird herrliche, enorme Segensauswir-kungen zeitigen, die bis an die Enden der Erde durchgreifen werden.

Paulus zufolge wird die Wiedereinsetzung des wiederge-borenen, erretteten Israel einen Strom geistlicher Reichtümer freisetzen, der sich über die ganze Erde ergießen wird:

> *Wenn aber ihr Fall der Reichtum der Welt ist und ihr Verlust der Reichtum der Nationen, wieviel mehr ihre Vollzahl! ... Denn wenn ihre Verwerfung die Versöhnung der Welt ist, was wird die Annahme anders sein als Leben aus den Toten?* – Röm. 11, 12.15

„Leben aus den Toten" – für die ganze Welt! Wäre die Be-hauptung zu hoch gegriffen, damit sei eine weltweite Er-weckung unter den Nationen gemeint? Wäre es vermessen zu glauben, diese Errettung Israels werde letztlich zur ultimativen Erfüllung der Joel-Prophetie hinführen, daß der Geist Gottes über alles Fleisch ausgegossen werden wird?

Es versteht sich von selbst, daß die letztendliche Hinwendung der Nachkommen und Kinder Abrahams zu ihrem Messias in die völlige Erfüllung der Gottesverheißung an Abraham einmünden wird:

Und in dir sollen gesegnet werden alle Geschlechter der Erde. – Gen. 12,3 b

Kapitel 10

Israel – Gottes auserwähltes Werkzeug

Alles, was Gott mit dem jüdischen Volk tut, eingeschlossen all seine Wunder, mit denen er es in diesen letzten Tagen zu sich selbst und in seine ewige Berufung zurückführt, geschieht nicht um der Juden selbst willen. Natürlich hat Gott sein Volk erwählt und liebt es; aber er verfolgt einen Zweck mit alledem. Er hat Israel als Werkzeug erwählt, als Diener in der Erfüllung seiner ewigen Ziele für die gesamte Menschheit, für alle Nationen, ja die ganze Erde.

Als Gott sich Abraham erwählte und ihn von Ur in Chaldäa fortrief, da geschah das um eines bestimmten Zwecks willen, der mit der Gesamtheit der Schöpfung Gottes zu tun hatte:

> *In dir sollen gesegnet werden alle Geschlechter der Erde!* – Gen. 12,3

Als Gott Abraham, den Urvater des jüdischen Volkes, erwählte, hatte er im Sinn, Abraham und seine Nachkommen mit der klaren Perspektive zu segnen, daß sie allen anderen Nationen zum Segen sein sollten. Gott liebt alle Menschen, alle Nationen, seine ganze Schöpfung! In diesem Sinne wurden Abraham und Israel als Gottes Diener für den Segen der ganzen Welt auserwählt.

Wir finden sogar in der Schrift, daß Gott Israel zu seinem Zeugen aufruft:

Ihr seid meine Zeugen, spricht der Herr, und mein Knecht, den ich erwählt habe, damit sie zur Einsicht kommen und an mich glauben und erkennen, daß ich es bin. – Jes. 43,10 a Zürcher

Gott hat also Israel zu sich gerufen, damit es ihn als Gott, den Einzigen, den Herrn über alles erkennt. Doch geschieht das mit einer Zwecksetzung:

Ich, ich bin der HERR, und außer mir gibt es keinen Retter ... Und ihr seid meine Zeugen, spricht der HERR, und ich bin Gott. – Vv. 11.12 b

Da haben wir es: Israel muß den Herrn in einer intimen, lebendigen Weise kennenlernen, damit die Juden ein lebendiges Zeugnis dessen werden, wer er ist, nämlich der allein wahre Gott, der Herr, Schöpfer Himmels und der Erden.

Israel existiert, um allen Nationen der Erde eine klare, unmißverständliche Botschaft zu senden: Der Gott Israels ist der einzige Gott! Neben ihm ist keiner. Darin besteht die wahre Bestimmung des jüdischen Volkes, und das erklärt seine ganze Geschichte. Es ist furchterregend, für einen solchen Zweck, eine solche Bestimmung erwählt zu sein. Denn damit kann man nicht wie alle anderen sein, nicht sich dem normalen Durchschnitt anpassen. Israel ist zum Träger der Natur Gottes berufen, darum kann es nicht den anderen Nationen gleichen. Mögen die Juden auch noch so sehr von dieser Berufung loskommen wollen – Gott wird es nicht zulassen. Aufgrund dieser Tatsache ist den Juden im Lauf der Jahrhunderte viel Leid zugefügt worden, so viel, daß sie lieber nicht erwählt wären. Denn von Gott erwählt zu sein bedeutet ein Dasein in Aussonderung für seinen Willen und seine Wünsche, in Angleichung an sein Wesen. Nur so können die Juden vor allen Nationen seine Zeugen sein. Wie sagte ein Jude, der den größten Teil seiner Familie im Holocaust verloren hatte: „Wie werde ich das Erwähltsein los?"

Es ist alles andere als ein Spaziergang, von Gott erwählt zu sein. Wir brauchen nur an die Geschichte des Propheten Jona zu denken. Er war von Gott auserwählt, Gottes Botschaft in Ninive zu verkündigen. Doch Jona wollte nicht: Etwas mit Heiden zu schaffen zu haben entsprach nicht den Prinzipien seiner religiösen Erziehung. Waren denn Heiden nicht unrein? Wurde nicht von den Juden erwartet, sich nicht mit ihnen zu vermischen? Doch ist es schwierig, wenn nicht unmöglich, vor der Berufung Gottes davonzulaufen; und im Falle Jonas sehen wir, wie Gott es an keiner Mühe fehlen läßt, um seinen Willen durchzusetzen. Ein mächtiger Sturm und ein großer Fisch brachten den Propheten zur Besinnung, und schließlich landete er doch in Ninive, um Gottes Werk zu tun. Die jüdische Geschichte ist die lange Chronik eines Volkes, das beständig danach strebte, Gottes Auserwählung abzuschütteln und sich seinen Zielen zu entziehen. Eben darum ist die jüdische Geschichte eine Leidensgeschichte.

Andererseits gehört zur jüdischen Geschichte auch die Geschichte vieler Nationen, die im Gericht unter Gottes mächtige Hand gerieten, weil sie den Wegen Gottes mit Israel widerstanden und die ewigen Ziele, die er mit seinem auserwählten Volk verfolgt, zu durchkreuzen versucht hatten. Gott sagt, daß er Nationen als Lösegeld für sein erwähltes und geliebtes Volk hinzugeben bereit ist, Menschen und Völker an seiner Stelle (Jes. 43,3 f.). Es gibt nicht ein Wunder, das Gott nicht zu tun bereit wäre, um sein erwähltes Volk durchzubringen, hat er sich doch in bezug auf Israel ein- für allemal entschlossen:

Dieses Volk, das ich mir gebildet habe, sie sollen meinen Ruhm erzählen. – Jes. 43,21

Auch alle Sünden, alle Auflehnung und Dickköpfigkeit Israels selbst werden Gott nicht davon abhalten, sein Ziel zu erreichen, hat er sich doch entschieden, dem Volk all seine Übertretungen zu vergeben, seinen Geist über es auszugießen, es zu erlösen und zu heilen. Mit großer Gewißheit können wir die Worte des Apostels Paulus über das Volk der Juden unterstreichen:

Hinsichtlich des Evangeliums sind sie zwar Feinde um euretwillen, hinsichtlich der Auswahl aber Geliebte um der Väter willen. Denn die Gnadengaben und die Berufung Gottes sind unbereubar. – Röm. 11,28 f.

„Unbereubar" bedeutet: Hier ist nichts zu ändern oder zurückzunehmen. Was geschehen ist, kann nicht ungeschehen gemacht werden!

Ein Banner aufrichten

Was möchte der Herr nun durch Israel tun? Er möchte ein Banner erheben, das alle Nationen sehen sollen. Wie schon gesagt: Gott möchte durch sein Handeln mit dem jüdischen Volk in diesen letzten Tagen aller Welt eine Botschaft senden. So spricht er:

Siehe, ich will meine Hand zu den Heiden hin erheben und für die Völker mein Banner aufrichten. – Jes. 49,22 a

Und was steht auf diesem Banner geschrieben? Nur ein Satz: „Ich, der Gott Israels, bin der Herr!" Durch Israel wird Gott allen Nationen, allen Völkern eine klare Botschaft zukommen lassen, nämlich daß er der Herr sowohl des Himmels als auch der Erde ist und ohne Ausnahme über alles herrscht.

Folgenden Zweck verfolgt der Herr, wenn er sich in Gnade und Wohlgefallen der zerfallenen Hütte Davids zuwendet:

Du wirst aufstehen, wirst dich Zions erbarmen. Denn es ist Zeit, ihn zu begnadigen, denn gekommen ist die bestimmte Zeit ... Die Nationen werden den Namen des HERRN fürchten, alle Könige der Erde deine Herrlichkeit. Denn der HERR wird Zion aufbauen, er wird erscheinen in seiner Herrlichkeit. – Ps. 102,14.16 f.

Ein recht deutlicher Text: Der eigentliche Beweggrund des Herzens Gottes, Israel wiedererstehen zu lassen, ist, alle Nationen zur Furcht seines Namens zu führen und seine Herrlichkeit sehen zu lassen. Das Wort „Zion" bedeutet auf hebräisch „Zeichen" oder „Wegmarke", was im übertragenen Sinne nichts anderes meint als „Zeugnis". Der wiedererstandene Zion soll ein mächtiges Zeugnis der Größe und Herrlichkeit Gottes sein.

Für „Banner" steht im Hebräischen *nes*, was auch „Wunder" bedeutet. Wenn Gottes großes, mächtiges Handeln mit Israel geschieht, wird es sein, als folge Wunder auf Wunder – eines größer als das andere. Das ist Gottes Weise, die Nationen seine Größe, Kraft und Herrlichkeit wissen zu lassen.

Das ist die wahre Botschaft hinter dem großen Wunder, das Gott vollbringt, indem er das jüdische Volk aus allen Nationen zurückführt. Hören wir folgendes Wort des Herrn:

So spricht der Herr, HERR: Nicht um euretwillen handle ich, Haus Israel, sondern um meines heiligen Namens willen, den ihr entweiht habt unter den Nationen, zu denen ihr gekommen seid. Und ich werde meinen großen, unter den Nationen entweihten Namen heiligen, den ihr mitten unter ihnen entweiht habt. Und die Nationen werden erkennen, daß ich der HERR bin, spricht der Herr, HERR, wenn ich mich vor ihren Augen an euch als heilig erweise. Und ich werde euch aus den Nationen holen und euch aus allen Ländern sammeln und euch in euer Land bringen. – Ez. 36,22 ff.

Um seines Namens willen

Manche Leute glauben, Gottes endzeitliches Handeln mit Israel und dessen Erträge hingen davon ab, ob das Volk Buße tue und sich Gottes Willen beuge. Mit anderen Worten: Zuerst muß sich das Volk Gott zuwenden, sonst wird er nichts von seinem großen Errettungswerk in die Tat umsetzen. Diese Leute haben keine Ahnung, wie sehr im Irrtum und wie unbiblisch sie sind. Was sie nicht verstehen, ist, daß das Werk Gottes auf Gnade und nichts als Gnade basiert. Was immer Gott für Israel tut – er tut es nicht um Israels willen, sondern um seiner selbst willen!

Das sagt der Herr Israel und uns ganz direkt:

> *Um meines Namens willen halte ich meinen Zorn zurück, und um meines Ruhmes willen bezähme ich mich dir zugute, um dich nicht auszurotten ... Um meinetwillen, um meinetwillen will ich es tun – denn wie würde mein Name entweiht werden! –, und meine Ehre gebe ich keinem andern. – Jes. 48,9.11*

Es leidet nicht den geringsten Zweifel, daß Israel mehr als genug gegen den Herrn gesündigt hat, um ihm Anlaß zu geben, es zu vernichten und vom Angesicht der Erde auszulöschen. Doch wird er das nicht tun – ja, er kann es nicht tun. Denn sein heiliger Name ist organisch mit dem Schicksal Israels verbunden, und er kann nicht zulassen, daß sein Name unter den Nationen entweiht wird. Wie die Dinge liegen, hat Gott keine andere Wahl, als seinen Plan allen Widrigkeiten zum Trotz durchzuziehen. Für alle Zeit hat er seine ureigenste Person mit dem Volk verwoben, das er erwählte, seinen Namen zu tragen und zu bezeugen, wer er ist. Darin liegt ein Maß der Gnade Gottes, das alles, was wir erdenken oder uns ausmalen können, bei weitem übersteigt.

Kapitel 11

Groß ist seine Treue

Die menschliche Geschichte kennt kein größeres Zeugnis der Existenz eines lebendigen, allmächtigen Gottes als das jüdische Volk. Die Juden sind auch Zeugnis dafür, daß der hervorstechendste Charakterzug Gottes seine ewige Barmherzigkeit und Gnade ist. Daran kann es nicht den Schatten eines Zweifels geben.

Ohne zu übertreiben läßt sich behaupten, daß ohne Gott nicht eine Spur von der Existenz der jüdischen Rasse auf Erden übriggeblieben wäre. Die jüdische Geschichte ist so randvoll von Leid, Pogromen und Vernichtungsversuchen, daß das jüdische Volk seit langem verschwunden sein müßte, hätte Gott nicht treu zu seinen Verheißungen an Abraham, Isaak und Jakob gestanden.

Durch endlose Krisen und Tragödien jüdischen Lebens und jüdischer Geschichte hindurch bezeugt die Bibel, Gottes Wort, diese Tatsache auf vielfältige Weise.

Eine dieser bemerkenswerten Passagen der Heiligen Schrift handelt von Jeremia, dem weinenden Propheten. Im Buch der Klagelieder sehen wir ihn über die Tragödie der Zerstörung Jerusalems nachsinnen, das von den babylonischen Horden dem Erdboden gleichgemacht worden war. Das ganze Klagelieder-Büchlein ist im Grunde eine einzige Wehklage Jeremias über die Zerstörung Jerusalems. Der Prophet spricht davon, wie ihn die Zerstörung des Symbols der Hoffnung und Zukunft für alle Geschlechter der Juden, der Stadt Jerusalem, in Qual und Sorgen gestürzt hat. Wie konnte Gott dies zulassen? Dadurch hat er sein Volk getäuscht, ihm den Rücken gekehrt:

> *Und er ließ auf Kies meine Zähne beißen, er trat mich nieder in den Staub. Du verstießest meine Seele aus dem Frieden, ich habe vergessen, was Glück ist. Und ich sagte: Verloren ist mein Glanz und meine Hoffnung auf den HERRN. An mein Elend und meine Heimatlosigkeit zu denken, bedeutet Wermut und Gift! Und doch denkt und denkt meine Seele daran und ist niedergedrückt in mir. –*
> Klgl. 3,16-20

Jeremias Herz ist voll Verzweiflung. Er scheint alle Hoffnung auf die Zukunft verloren zu haben. Alles um ihn ist düster. Indem er den Feind die heilige Stadt zerstören ließ, hat Gott seinem Volk die Zukunft genommen.

Inmitten all dieses Murrens und Klagens macht der Prophet eine ungewöhnliche Erfahrung. Es ist, als zündete jemand unversehens ein starkes Licht an, dessen mächtiger Strahl seine Seele durchdringt und durchflutet.

In einer Einleitung zum Klagelieder-Büchlein hat jemand diese auffällige Veränderung so beschrieben:

> *Die Klagelieder erzählen vom Begräbnis einer Stadt. Sie zeichnen ein tränenbeflecktes Bild des einst so stolzen Jerusalem, das jetzt von den einfallenden babylonischen Horden dem Erdboden gleichgemacht worden ist. In einem fünfstrophigen Klagelied läßt Jeremia seinen Gefühlen freien Lauf. Ein Tod ist zu beweinen – Jerusalem liegt verödet da.*
>
> *Doch dann, inmitten dieses schrecklichen Holocaust, ruft Jeremia triumphierend aus: „Groß ist deine Treue." Angesichts von Tod und Zerstörung, wo alles Leben zerbrochen zu sein scheint, wendet*

Jeremia die Tragödie in einen Triumph des Glaubens. Gott hat noch nie versagt. Und er hat zugesagt, auch in Zukunft Treue zu bewahren. Im Licht des Gottes, den er kennt und liebt, findet Jeremia Hoffnung und Trost.

Den authentischen Wortlaut dieser herrlichen Glaubensproklamation finden wir in Klagelieder 3,22 ff.:

Ja, die Gnadenerweise des HERRN sind nicht zu Ende, ja, sein Erbarmen hört nicht auf, es ist jeden Morgen neu. Groß ist deine Treue. Mein Anteil ist der HERR, sagt meine Seele, darum will ich auf ihn hoffen.

Das ist die Geschichte der unglaublichen Treue, die Gott im Verlauf von Jahrtausenden voller Leid und Schmerzen dem jüdischen Volk erwiesen hat. Es ist die Geschichte seiner göttlichen Berufung und Bestimmung, von der Gott niemals lassen wird. Doch ist es nicht die Geschichte der Juden allein. Es ist auch unsere Geschichte, unsere Bestimmung als Gottesvolk des Neuen Testaments, seine Gemeinde.

Wenn alles versucht und probiert, alles, was man sagen konnte, gesagt ist, ist alles, was uns bleibt, unser einziges Licht und unsere alleinige Hoffnung, die niemals endende Treue unseres Herrn und Gottes.

Inmitten aller menschlichen Wechselfälle, Umwälzungen und Fehlschläge bedeutet es eine enorme Ermutigung, über diesen einen Gedanken zu meditieren: Gott kann nicht versagen, niemals einen Fehler machen; denn er kann sich schlicht und einfach nicht ändern. Er ist in Ewigkeit derselbe!

Gleich nachdem der Hebräerbriefschreiber die tiefgreifenden Erschütterungen von Himmel und Erde beschrieben hat, die sich in den letzten Tagen ereignen werden, macht er den ehrfurchtgebietenden Ausruf:

Jesus Christus ist derselbe gestern und heute und in Ewigkeit. – 13,8

Für uns Menschen, die wir ständigem Wechsel unterworfen sind, ist es nicht leicht zu verstehen, daß es in dieser schwankenden, unsicheren Welt eine Person gibt, die sich niemals ändert, sondern immerzu derselbe ist:

> *Jede gute Gabe und jedes vollkommene Geschenk kommt von oben herab, von dem Vater der Lichter, bei dem keine Veränderung ist noch eines Wechsels Schatten. – Jak. 1,17*

Sehr gegensätzlich zu dieser Beschreibung unseres himmlischen Vaters erscheint das Bild eines normalen Menschen, wie es im selben Kapitel gezeichnet wird:

> *... der Zweifler gleicht einer Meereswoge, die vom Wind bewegt und hin und her getrieben wird ... ein wankelmütiger Mann, unbeständig in allen seinen Wegen. – Vv. 6.8*

Wir als Gottes Volk sind ausschließlich seiner großen Treue wegen nach wie vor da und immer noch auf dem Wege. Das gilt für das alt- wie neutestamentliche Gottesvolk gleichermaßen.

Ein ungewöhnliches Wort des Herrn an sein Volk finden wir im letzten Buch des Alten Testaments:

> *Nein, ich, der HERR, ich habe mich nicht geändert; aber ihr, Söhne Jakob, ihr habt nicht aufgehört. Seit den Tagen eurer Väter seid ihr von meinen Ordnungen abgewichen und habt sie nicht beachtet. – Mal. 3,6 f.*

Da haben wir wieder die absolut zuverlässige Aussage: Er ist der Herr, der sich in keiner Weise verändern kann. Wenn jemand sich verändern muß, dann wir, schlicht darum, daß Gott sich nicht ändern kann. Das sollten wir im Sinn behalten und gedenken, daß es niemals in unserem Leben dahin kommen sollte, daß wir in irgendeiner Situation oder unter irgendwelchen Umständen uns anheischig machen könnten, Gott verändern zu wollen oder ihn dahin zu bringen, daß er sich unserem Weg und Willen anpaßt. Niemals! Sicher weiß ich, daß es Bibelworte gibt, die zu besagen scheinen, daß Gott sehr wohl seinen Sinn ändern kann; doch sollten wir bei der Auslegung dieser Stellen äußerst vorsichtig zu Rate gehen, damit wir die Dinge korrekt verstehen. Es heißt nämlich nirgendwo, daß Gott seinen ursprünglichen Willen und Plan irgendwie geändert hätte. Wäre es so, so hieße das, daß Gott Fehler machen könnte, und in dem Falle könnte keiner von uns mehr ruhig ein Auge zutun. Nein, diese Bibeltexte haben nichts damit zu tun, daß Gott irgendeiner Ursache oder Person wegen seinen Willen und Plan revidiert hätte. Sie besagen vielmehr, daß Gott sich entschließen kann, den Weg zu ändern, auf dem er seinen Willen und Plan zu erfüllen gedenkt. So geschah es im Umgang Gottes mit der großen Stadt Ninive. Gott war entschlossen, diese verruchte Stadt seinem Gericht zu unterwerfen. Als er indes sah, daß die Bewohner Ninives auf die Gerichtsbotschaft mit Buße reagierten, machte er aus dem Gericht Erweckung. Seine Zielsetzung stand unverrückt da: daß nämlich mit Bosheit und Sünde aufgeräumt werden mußte. Nachdem aber die Bewohner Ninives Buße taten, konnte Gott seinen Willen auf eine andere Weise umsetzen, als er es ursprünglich geplant hatte.

Gott ändert sich niemals. Er kann es einfach nicht. In derselben Ninive-Geschichte widersetzte sich der Prophet Jona dem Herrn. Änderte Gott daraufhin seine Position? Aber nein – Jona war derjenige, der sich zu verändern hatte und seinen Willen mit dem Willen Gottes in Einklang bringen mußte. So ist es immer, und so wird es immer sein; denn Gott kann keine Fehler machen!

„Ich bin der Herr, ich verändere mich nicht", hat Gott gesagt. Genau dieser segensreichen Tatsache wegen erlebte das Gottesvolk Israel Rettung und Erlösung: „Ihr, Söhne Jakob, habt nicht aufgehört."

Das Volk der Juden überlebte nahezu 5000 Jahre turbulenter Geschichte, weil Gott seinen Willen, seine Ziele und seine Berufung nicht abzuändern vermag. Darum werden die Juden auch durchkommen und Gottes ewige Bestimmung und Berufung erfüllen – mag sich ihnen in den Weg zu stellen versuchen, was immer will. Auf welche Strategien der Teufel in seinem rasenden Haß gegen die Juden noch verfallen mag – sie alle werden in sich zusammenfallen, und das trotz des mangelnden Gehorsams und der fehlenden Unterwerfung der Israelis selbst unter den Willen Gottes. Beachten Sie bitte, daß der Herr sein Volk in der zitierten Maleachistelle „Söhne Jakobs" nennt. Genausogut hätte er „Söhne Abrahams" sagen können; doch damit wäre angezeigt gewesen, daß es gute Leute seien, Leute, die genau wie Abraham glaubten und gehorchten. Auch als „Söhne Isaaks" hätte er sie ansprechen können. Isaak war ein wundervoller Mann: liebenswürdig, unterwürfig, gehorsam. Niemals machte er etwas verkehrt, weswegen er in der Bibel als Christustypos dargestellt wird, als vorlaufendes Abbild des Sohnes Gottes. Aber nein, hier spricht Gott sein Volk als „Söhne Jakobs" an.

Und wer Jakob war, wissen wir alle: der Trickser vom Dienst, das große Schlitzohr, der Bandit! Das schwarze Schaf gewissermaßen. Und genau darauf geht der Herr ein, wenn er feststellt: „Seit den Tagen eurer Väter seid ihr von meinen Ordnungen abgewichen und habt sie nicht beachtet." Mit anderen Worten: An euch habe ich keine gute Gesellschaft gehabt. Ihr habt mir nichts als Schwierigkeiten bereitet. Ihr seid eine richtige Plage! Doch alledem zum Trotz: Es gibt euch immer noch! Weder eure Feinde, an denen es keinen Mangel hat, noch eure eigenen Fehler und Sünden, von denen ihr ebenfalls mehr als genug aufweisen könnt, haben euch den Garaus machen können.

Weder sie sind untergegangen noch wir, und zwar aus einem einzigen Grund: Gott ändert sich niemals, und groß ist seine Treue!

Betrachten wir Gottes große Treue, die er Israel erwiesen hat, so dürfen wir gewiß sein, daß er seinem neutestamentlichen Bundesvolk, der Gemeinde Jesu, gegenüber kein anderer ist. Hätte Gott sein altes Bundesvolk täuschen können, dann doch wohl auch uns? Und hätte er Israel gegenüber seinen Willen und Plan geändert, dann könnte es doch wohl passieren, daß er sich auch für uns, die Gemeinde, etwas Neues einfallen läßt?

Gott sei Dank:

Jesus Christus ist derselbe gestern und heute und in Ewigkeit.

Worauf setzen wir unser Vertrauen? Wie meinen wir den Weg bis ans Ende bewältigen zu können?

Über den bekannten Chinamissionar Hudson Taylor, den Gründer der China-Inland-Mission, war zu lesen, daß es eine Zeit in seinem Leben gab, wo er restlos an seine eigenen Grenzen kam. Gott hatte ihn in China mächtiglich gebraucht, er hatte eine von ihm selbst so genannte Glaubensmission aufgezogen, doch dann, in der Mitte seines Lebens, erlitt er etwas, was wir heute als *Burnout*-Syndrom bezeichnen würden. Eine Zeitlang ging es mit seinem Glauben kontinuierlich rückwärts, so lange, bis er sich selbst als totalen Versager ansah. Da schrieb er an seine englische Missionsgesellschaft und bat um seine Entlassung. Er schrieb, er erachte es als Fehler, daß man ihn nach China ausgesandt habe. Die Missionsleitung alarmierte ihren Freundeskreis, und landauf, landab wurde für Hudson Taylor gebetet. Einige Zeit später saß Hudson Taylor zum Nachmittagstee in seinem chinesischen Garten. Auf dem Tisch vor ihm lag seine Bibel. Nicht daß er die Absicht gehabt hätte, sie zu lesen; denn seit geraumer Zeit bereits hatte das Wort ihm nichts mehr zu sagen gehabt. Doch an jenem Tag ergriff er das Buch, wie zufällig öffnete es sich, und er blickte auf den Text von 2. Timotheus 2,13:

Wenn wir untreu sind ... er bleibt treu, denn er kann sich selbst nicht verleugnen.

Dieses Wort traf Hudson Taylor wie ein Hammerschlag, und er erkannte, welch großen Fehler er begangen hatte. Er hatte seine Mission auf den Glauben gegründet und das auch stets und ständig betont, wenn er über die China-Inland-Mission referierte. Doch jetzt war sein Glaube geschwunden und die Mission zum Stillstand gekommen. Mittels dieses Wortes stellte der Herr seinen Knecht vollständig wieder her, doch von jenem Tag an nannte Hudson Taylor die China-Inland-Mission nie mehr eine Glaubensmission. Jetzt, sagte er, sei sie ein Werk geworden, das fest auf dem Grund der Treue Gottes und nicht auf irgend jemandes Glauben beruhe. Denn wo wir unseren Glauben, unsere Energie und Stärke, unsere Vision und Hoffnung verlören, sei Gott immer noch mit der Fülle all seiner Möglichkeiten auf dem Plan. Selbst wo wir untreu und ungläubig werden, ist Gott unverändert voller Treue; „denn er kann sich selbst nicht verleugnen".

Ob er uns zu seinem Israel oder seiner Gemeinde berufen hat, wir dürfen ruhig und sicher darin sein, daß er uns zur Erfüllung unserer göttlichen Bestimmung führen wird; denn:

Treu ist, der euch beruft; er wird es auch tun. – 1. Thess. 5,24
Denn die Gnadengaben und die Berufung Gottes sind unbereubar. – Röm. 11,29

Groß ist seine Treue!

Kapitel 12

Die überwindende Gemeinde

Wir haben in diesem Buch viele großartige Dinge betrachtet, die in den Tagen des Kommens des Menschensohnes geschehen. Der Missionsbefehl wird zu Ende geführt, der Feigenbaum – die israelitische Nation – steht im Prozeß der Wiederherstellung, und mit großer Erwartung sehen wir dem baldigen Kommen unseres herrlichen Königs und Messias entgegen. Aber: Auf dem letzten Stück des Weges wird der Druck gegen das Volk Gottes beständig zunehmen, und es wird eine Zeit der Verfolgung sein. Im Zuge des letzten satanischen Versuchs, die Nationen der Welt in Rebellion gegen den Herrn zu vereinen, werden wir es mehr und mehr mit einer antisemitischen und antichristlichen Haltung zu tun bekommen.

Auch darauf weist der Herr Jesus in der großen Rede von Matthäus 24 klar und deutlich hin:

Alles dies ... ist der Anfang der Wehen. Dann werden sie euch in Drangsal überliefern und euch töten; und ihr werdet von allen Nationen gehaßt werden um meines Namens willen. Und dann werden viele verleitet werden und werden einander überliefern und einander hassen; und viele falsche Propheten werden aufstehen und werden viele verführen; und weil die Gesetzlosigkeit überhand nimmt, wird die Liebe der meisten erkalten; wer aber ausharrt bis ans Ende, der wird errettet werden. – Vv. 8-13

Mit anderen Worten: In den Tagen, da der Menschensohn kommt, wird sich das Volk Gottes zunehmendem Druck und wachsender Bedrängung ausgesetzt sehen. Darüber hinaus dürfen wir nicht vergessen, daß natürlich auch das Volk Gottes von dem betroffen sein wird, was Jesus hier „Wehen" nennt, nämlich den physischen Erschütterungen der Natur und der Welt insgesamt. Auch wir werden an den Leiden, die sich durch Erdbeben, Hungersnöte, Seuchen und Kriege ergeben, unseren Anteil tragen, genau wie alle anderen. Denn wir sind ja genauso Menschen unter irdischen Lebensbedingungen.

Die Hypothese, daß Gott uns irgendwie von der Erde wegnehmen werde, bevor noch in der endzeitlichen Schlacht der erste Schuß abgefeuert sein wird, ist für meine Begriffe biblisch kaum belegbar – wenngleich es mir natürlich sehr lieb wäre, das beweisen zu können. Doch sehe ich es so, daß diese Idee mehr einem Wunschdenken entspringt als biblischer Realität. Hätten wir nicht zumindest einen Teil der endzeitlichen Wirren zu überstehen, so ergäbe es keinen Sinn, daß Jesus uns in Matthäus 24 auf Verfolgung und Verrat einstimmt, ja sogar davon spricht, daß einige von uns umkommen werden. Auch würde er uns nicht vor einer Täuschung warnen, die so machtvoll ist, daß wir alle ihr anheimfallen würden, wenn Gott nicht ihre Wirkungszeit begrenzte. Und schließlich: Würden wir Gotteskinder per Entrückung von der Erde weggenommen werden, bevor es noch so richtig hart und schwer wird, was sollte dann das ganze Thema des großen Abfalls?

Ganz sicher werden wir an den „Wehen" unseren Anteil durchzustehen haben – wiewohl ich vollkommen mit denen übereinstimme, die sagen, wir werden entrückt werden, bevor Gott seine Zornschalen über die Erde ausgießt. Indessen steckt hinter der Warnung des Herrn vor diesen Anfechtungen nicht die Absicht, uns zu entmutigen oder niederzudrücken. Im Gegenteil, er ermutigt uns, unsere Häupter aufzuheben, wenn die Wehen beginnen: Er möchte, daß wir über die kurze Zeitspanne der Finsternis hinausschauen und unsere Augen auf das helle Licht richten, das danach kommt. Er will nicht, daß wir uns auf die Nacht konzentrieren, sondern, daß wir der Morgendämmerung entgegensehen, die gewißlich der schwarzen Düsternis folgt. Deswegen gibt uns der Herr Jesus die folgende Ermahnung:

Wenn aber diese Dinge anfangen zu geschehen, so blickt auf und hebt eure Häupter empor, weil eure Erlösung naht. – Lk. 21,28

Der Herr gibt uns zu verstehen, daß *Gott* Himmel und Erde erschüttert, und zwar mit einem klaren Heilsziel. So ist es ja immer, wenn Gott Gericht übt. Seine Gerichte kommen über die Erde, damit die Verderbnis weicht und für die Verwirklichung der Ziele Gottes Bahn gemacht wird. Wohl deshalb benutzt Jesus den Ausdruck „Wehen": Auch bei einer Geburt ist es so, daß durch zerreißenden Schmerz, durch Leiden hindurch, etwas Wunderschönes, Herrliches zur Welt kommt. Für die Schwangere bricht eine schwere Zeit an, wenn die Wehen in ihrem Körper beginnen. Ganz gewiß ist das keine angenehme Wegstrecke, doch wenn dann nach einer Weile das Neugeborene da ist, füllt sich das Herz der Mutter mit Freude und Glück. Schon im ersten Augenblick, in dem sie ihr Baby im Arm hält, sind alle Mühen und Qualen der Geburtsphase vergessen. So sollten auch wir aufblicken, über Drangsal und Schmerzen hinwegschauen und die große Geburt des Reiches Gottes in den Blick nehmen, das der Herr Jesus, wenn er bald schon in Herrlichkeit kommt, auf Erden aufrichten wird.

Der Herr zeigt auch, daß inmitten der ernsten, schweren geschichtlichen Epoche vor dem Kommen des Menschensohnes seiner Gemeinde eine einzigartige Gelegenheit eingeräumt sein wird, den Menschen um uns herum das Evangelium zu bringen. Und er ermutigt uns, nicht darum besorgt zu sein, wie wir in jener Zeit unseren Dienst vollführen sollen:

> *Vor diesem allem aber werden sie ihre Hände an euch legen und euch verfolgen, indem sie euch an die Synagogen und Gefängnisse überliefern, um euch vor Könige und Statthalter zu führen um meines Namens willen. Es wird euch aber zu einem Zeugnis ausschlagen. Setzt es nun fest in euren Herzen, nicht vorher darauf zu sinnen, wie ihr euch verantworten sollt, denn ich werde euch Mund und Weisheit geben, der alle eure Widersacher nicht werden widersprechen oder widerstehen können.* – Lk. 21,12-15

Das wird eine herrliche Zeit sein, um Gottes Liebe und sein Wort in die Herzen von Menschen zu legen, die

> *verschmachten vor Furcht und Erwartung der Dinge, die über den Erdkreis kommen, denn die Kräfte der Himmel werden erschüttert werden.* – V. 26

Und wie wunderbar ist es, daß wir uns nicht im voraus den Kopf darüber zerbrechen müssen, was wir sagen und wie wir handeln werden. Gott wird geben, was wir brauchen – nicht im vorhinein, sondern dann, wenn wir es brauchen.

Hörende Ohren

Die Frage, wie man sich auf diese notvolle Zeit vorbereiten sollte, löst unter Christen enorme Ängste aus. Man hört von

Leuten, denen es darum zu tun ist, ihr Vermögen sicherzustellen oder ihre Lebensversicherungssumme zu verdoppeln. Es gibt sogar Zeitgenossen, die sich auf dem Lebensmittelsektor meinen vorbereiten zu sollen, indem sie in atombombensicheren Bunkern Konserven horten. Diese Art von Vorbereitung taugt nicht viel; sie ist in der Regel nichts als Zeitverschwendung. Wir können weder Geld noch Vorräte ansparen und uns auch mittels Atombunkern nicht schützen. Geld kann und wird höchstwahrscheinlich über Nacht seinen Wert verlieren, und dann werden unsere Versicherungspolicen das Papier nicht wert sein, auf das sie geschrieben sind. Und es gibt gar keinen „sicheren" Platz, kein Gebäude, in dem wir uns vor der Drangsal verkriechen könnten. Die einzige Sicherheit, die es gibt, liegt im vollkommenen Willen Gottes. Sicherheit kommt vom Herrn – allein von ihm!

Als Israel zu Zeiten Elias Hungersnot zu erleiden hatte, gab es für den Propheten nur eine Überlebensmöglichkeit: nämlich seine Fähigkeit, die Stimme des Herrn zu vernehmen. Der sagte zu ihm:

> *Geh von hier fort, wende dich nach Osten und verbirg dich am Bach Krit, der vor dem Jordan ist! Und es soll geschehen: aus dem Bach wirst du trinken, und ich habe den Raben geboten, dich dort zu versorgen. – 1. Kön. 17,3 f.*

Ist das nicht bemerkenswert? Nie im Leben hätte Elia auf die Idee kommen können, auf diese Weise die Hungersnot überstehen zu können: indem er aus einem kleinen Bach trank und von den Vögeln des Himmels mit Essen versorgt wurde. Gott weiß, wie er seine Kinder durch schwere Krisenzeiten bringen kann. Doch wir müssen in der Lage sein, seine Stimme zu hören und seinen Anweisungen zu folgen. Nachdem Elias Bächlein kein Wasser mehr hatte, zeigte es sich, daß Gott bereits weitere Vorkehrungen getroffen hatte: In Zarpat lebte eine Witwe, die noch ein bißchen Öl und eine Handvoll Mehl übrig hatte. Diese Vorräte vermochte der Herr so zu vermehren, daß der Prophet, die Witwe und deren Sohn genug Brot hatten.

Wenn wir befähigt sein wollen, die Not der Endzeit zu überstehen, kommt es zuallererst darauf an, daß wir in der Lage sind, Gottes Reden zu hören. Gottes Schutz und die Vorkehrungen, die er für uns getroffen hat, können uns nur dann zugute kommen, wenn wir hörende Ohren haben. Alles, was wir an Wissen und Weisheit angesammelt haben, kann uns dann nicht mehr helfen, und was immer wir im Rückgriff auf unsere eigenen Kräfte und unseren Intellekt an Vorbereitungen treffen mögen, wird sich als reine Zeitverschwendung herausstellen.

In seinen sieben Sendschreiben an sieben Gemeinden Kleinasiens, wie sie in Offenbarung 2 und 3 niedergeschrieben sind, wiederholt der Herr Jesus jedesmal zwei Dinge, die man offenkundig nicht voneinander trennen kann:

> *Wer ein Ohr hat, höre, was der Geist den Gemeinden sagt!*

und:

> *Wer überwindet, dem werde ich ... geben ...*

Alles überwinden, was sich uns als Volk Gottes in diesen letzten Tagen entgegenstellen mag – das werden wir nur dann können, wenn wir fähig sind, die Stimme des Heiligen Geistes zu vernehmen. Wir Pfingstler und Charismatiker, die wir stets behaupten, die Fülle des Geistes zu besitzen, haben häufig massive Schwierigkeiten, Gott zu hören, weil wir uns auf die äußeren Manifestationen des Geistes konzentrieren und darüber nicht hinauskommen. An dieser Stelle gibt es eine weitere Lektion vom Leben Elias zu lernen. Nach seinem großen Gottessieg auf dem Karmel, wo er 400 falsche Baalspropheten umbrachte und bewies, daß der Gott

Israels allein Gott ist, flüchtete er sich in die Wüste – aus Furcht vor den Drohungen einer Frau, nämlich der Königin Isebel. Voller Angst tauchte er unter und klagte vor dem Herrn, und der Herr offenbarte sich und begegnete dem Elia in der Wüste. Folgendes sagte er dem Propheten:

> *Geh hinaus und stell dich auf den Berg vor den HERRN! Und siehe, der HERR ging vorüber. Da kam ein Wind, groß und stark, der die Berge zerriß und die Felsen zerschmetterte vor dem HERRN her; der HERR aber war nicht in dem Wind. Und nach dem Wind ein Erdbeben; der HERR aber war nicht in dem Erdbeben. Und nach dem Erdbeben ein Feuer; der HERR aber war nicht in dem Feuer. Und nach dem Feuer ein Ton eines leisen Wehens. – 1. Kön. 19,11 f.*

Sicher: In der Gegenwart des allmächtigen Gottes und unter dem Wirken seiner Kraft kommt es häufig zu spektakulären Manifestationen. Doch darin ist Gott nicht. Gott ist in jener leisen, sanften Stimme des Geistes, die unserem Geist sein Wort einflüstert. Wenn wir nicht dahin kommen, diese Stimme zu hören und ihre Botschaft zu verstehen, gehen wir an Gott vorbei, mögen wir uns auch noch so sehr an dem ganzen *Power*-Umfeld ergötzen, das ihn umgibt. Bei jeder Gottesbegegnung müssen wir uns eine Frage stellen: Haben wir seine Stimme gehört, seine Botschaft verstanden? Wenn es nämlich weder ein Wort noch eine Botschaft gab, sind wir nicht wirklich mit Gott in Berührung gekommen. Dann haben wir bloß ein bißchen an den Rändern seines kraftgeladenen Umfeldes herumgespielt. Das Problem, mit dem wir heute in der Kirche zu tun haben, ist unser großer Hunger nach Kraft. Wir flippen weltweit im Leib Christi herum, um Kraft zu finden. Kraft ist zum Dreh- und Angelpunkt unserer frommen Existenz geworden. Vielerorts geht es um nichts anderes als „*Power*-Evangelisation", „*Power*-Heilung", „*Power*-Gebet" und „*Power*-Lobpreis". Doch der springende Punkt, an dem es hängt, ob das, was wir erleben, tatsächlich eine Gottesbegegnung ist oder nicht, ist, ob wir seine Stimme hören, seine Botschaft empfangen oder nicht.

Sein Angesicht suchen

Predigt v. Wasser übe. a.6.

Doch wie wollen wir jemals Gottes Stimme hören, solange wir nicht intime Gemeinschaft mit dem Herrn suchen und lernen, in seiner Gegenwart zu leben? Wieso konnte Elia Gott hören? Der Grund lag darin, daß er sich in Gottes Gegenwart begeben hatte. Wieder und wieder bezeugte Elia:

> *So wahr der HERR, der Gott Israels, lebt, vor dem ich stehe ... – 1. Kön. 17,1*

Wollen wir uns relevant und wahrhaftig vorbereiten, so sollten wir unsere Intimgemeinschaft mit Gott pflegen, entwickeln und ausbauen. In dieser Intimgemeinschaft mit Gott finden wir Ruhe und Schutz, Versorgung und Führung – auch wenn es durch tiefes Wasser geht. Oftmals ist unser Leben geistlich arm und schwach, weil wir nicht begriffen haben, daß wir allezeit nahe beim Herrn bleiben müssen:

> *Glücklich der Mann, der ... seine Lust hat am Gesetz des HERRN und über sein Gesetz sinnt Tag und Nacht! Er ist wie ein Baum, gepflanzt an Wasserbächen, der seine Frucht bringt zu seiner Zeit, und dessen Laub nicht verwelkt; alles, was er tut, gelingt ihm. – Ps. 1,1 ff.*

Das Geheimnis hinter dem sieghaften Leben eines solchen Mannes ist seine beständige Ausrichtung auf den Herrn, seine unablässige Kommunikation mit ihm. Er wurzelt tief in Christus, dem lebendigen Wasser. Aus ihm bezieht er alles, was er braucht.

Im Buch Jeremia wird eine Verbindungslinie gezogen zwischen dem Baum, der am Wasser gepflanzt ist, und dem konkreten Thema, von dem wir hier handeln, nämlich wie wir überwinden können, wenn die Zeiten heiß und unruhig werden:

> *Gesegnet ist der Mann, der auf den HERRN vertraut und dessen Vertrauen der HERR ist! Er wird sein wie ein Baum, der am Wasser gepflanzt ist und am Bach seine Wurzeln ausstreckt und sich nicht fürchtet, wenn die Hitze kommt. Sein Laub ist grün, im Jahr der Dürre ist er unbekümmert, und er hört nicht auf, Frucht zu tragen. – 17,7 f.*

Reichen unsere Wurzeln bis in die Tiefe Christi, so wird uns weder Hitze noch Dürre etwas anhaben können – und beides wird in diesen letzten Tagen kommen. Wir müssen lernen, tiefer in Christus zu wurzeln; denn er allein ist unser Unterschlupf. Nichts sonst ist uns gegeben. Eben dazu ermahnt uns der Apostel Paulus:

> *Wie ihr nun den Christus Jesus, den Herrn, empfangen habt, so wandelt in ihm, gewurzelt und auferbaut in ihm ... Denn in ihm wohnt die ganze Fülle der Gottheit leibhaftig. – Kol. 2,6 f. 9*

Wir müssen lernen, uns aus unseren Wurzeln zu nähren, die mehr und mehr zu den tiefen, verborgenen Wassern hinwachsen sollten, aus der inneren Christusquelle zu trinken und uns nicht auf äußere Bewässerung in Form sporadischer Regenfälle zu verlassen. Diese Wahrheit habe ich vor vielen Jahren auf eine Weise gelernt, die ich niemals vergessen werde. Es war ein heißer, trockener Sommertag, und ich besuchte einen Freund in dessen Haus. Schon wochenlang hatte es damals nicht geregnet. So war mein Freund damit beschäftigt, die Bäume und Pflanzen in seinem Garten mit dem Schlauch zu bewässern. Während er spritzte, gingen wir nebeneinander durch den Garten und unterhielten uns. Da fiel mir auf, daß er mit einem Satz über einen kleinen Busch hüpfte, der direkt an der Hauswand wuchs. Um das Büschlein herum war der Boden völlig ausgetrocknet, und die Sonne brannte unbarmherzig auf die Pflanze herab. Erstaunt sagte ich zu meinem Freund, er habe diesen kleinen Busch vergessen. „Nein", erwiderte er mir, „ich habe keineswegs vergessen, ihn zu bewässern, und ich habe auch nicht die Absicht, es zu tun, denn ich will den Busch nicht ausrotten." Er erklärte mir, diesen Busch habe er aus dem Nahen Osten mitgebracht, wo er normalerweise in regenlosen Wüstengebieten wachse. „Würde ich mir angewöhnen, diese Pflanze zu bewässern", fuhr er fort, „so würde ihr Wurzelwachstum aufhören. Der Busch streckt seine Wurzeln tiefer und tiefer aus, um ans Grundwasser zu kommen. Würde ich ihn gießen und wäre dann mal wochenlang nicht da, im Urlaub oder so, so würde ich meinen kostbaren kleinen Busch bei meiner Rückkehr verdorrt und abgestorben vorfinden." Was für eine Lehre! Auch wir müssen unsere Wurzeln tief in Christus hinein schlagen und lernen, von seinem inwendigen Leben zu zehren, statt daß wir nach allen möglichen charismatischen Regenschauern Ausschau halten, um aus ihnen geistlichen Trank zu gewinnen.

Das ist das Geheimnis Davids, des Mannes nach dem Herzen Gottes, der so oft in Zeiten der Versuchung und Drangsal geworfen wurde:

Eins habe ich vom HERRN erbeten, danach trachte ich: zu wohnen im Haus des HERRN alle Tage meines Lebens, um anzuschauen die Freundlichkeit des HERRN und nachzudenken in seinem Tempel. Denn er wird mich bergen in seiner Hütte am Tag des Unheils, er wird mich verbergen im Versteck seines Zeltes; auf einen Felsen wird er mich heben. Und nun wird mein Haupt sich erheben über meine Feinde rings um mich her. Opfer voller Jubel will ich opfern in seinem Zelt, und ich will singen und spielen dem HERRN. – Ps. 27,4 ff.

Ist unser Leben tatsächlich „verborgen mit dem Christus in Gott" (Kol. 3,3), so werden wir fähig sein, festzustehen und alle Feinde und Mißhelligkeiten der letzten Tage, der Tage des Kommens des Menschensohnes, zu überwinden.

Wachen und beten

Haben wir den Wunsch, dem Herrn näherzukommen und in wirklich intime Gemeinschaft mit ihm einzutreten, so werden wir herausfinden, daß dies nur im Gebet möglich ist. Damit wir mit ihm kommunizieren können, hat Gott uns das Geheimnis des Gebets anvertraut.

In den letzten Tagen, den Tagen des Kommens des Menschensohnes, muß das Gebet eine hohe Priorität haben, wenn wir zu Überwindern werden wollen. Folgendermaßen unterstreicht der Apostel Petrus die Wichtigkeit des Betens in der Endzeit:

Es ist aber nahe gekommen das Ende aller Dinge. Seid nun besonnen und seid nüchtern zum Gebet! – 1. Pt. 4,7

Gebet ist die einzig reelle und angemessene Antwort auf die endzeitliche Krise. Nur als Beter werden wir die Situationen, die kommen, durchstehen können.

Tatsächlich schließt auch Jesus seine große Endzeitrede mit einem ernsten Gebetsaufruf ab:

Hütet euch aber, daß eure Herzen nicht etwa beschwert werden durch Völlerei und Trunkenheit und Lebenssorgen und jener Tag plötzlich über euch hereinbricht; denn wie ein Fallstrick wird er kommen über alle, die auf dem ganzen Erdboden ansässig sind. Wacht nun und betet zu aller Zeit, daß ihr würdig geachtet werdet, diesem allem, was geschehen soll, zu entfliehen und vor dem Sohn des Menschen zu stehen. – Lk. 21,34 ff.

Hier hören wir laut und deutlich aus dem Munde des Herrn selbst, daß wir keine Chance haben, all den Gefahren und Versuchungen der letzten Tage zu entfliehen, wenn wir nicht ein Leben des Gebets führen. Solange wir uns nicht mit Haut und Haaren Gott verschreiben, um ihn im Gebet zu suchen, besitzen wir weder Waffe noch Schutz gegen die Mächte der Verführung und Versuchung, der Furcht und des Schreckens, die in den letzten Tagen wie eine stickige Giftwolke unsere Atemluft erfüllen werden. Wenn man nun sieht, wie wenig die Kirche unserer Tage das Gebet betont, muß man sich um die Zukunft des Volkes Gottes ernste Sorgen machen. Die traditionellen Gemeindeprogramme werden nicht ausreichen! Wenn wir ernstlich Vorbereitungen treffen wollen, um die Zeit, die vor uns liegt, siegreich zu bestehen, müssen wir unsere Programme beiseiteschieben und uns anschicken, in anhaltendem Gebet Gottes Angesicht zu suchen. Nicht nur, daß wir mehr beten müssen, als wir es tun – Gebet muß sowohl in jedem einzelnen Leben als auch in den Gemeinden zur absolut höchsten Priorität werden. Nur so können wir es Jesus zufolge vermeiden, in den Fallstrick zu geraten, der über die ganze Erde ausgespannt werden wird.

Die Warnung, die der Herr an sein Volk richtete, lautete: „Wer aber ausharrt bis ans Ende, der wird errettet werden." Hier wird mit dem Ausdruck „Errettung" nicht auf unser ewiges Leben Bezug genommen. Unser ewiges Leben hängt nicht von unserem Ausharren oder irgendeiner sonstigen Anstrengung ab, die wir etwa für Gott erbrächten. Ewiges Leben ist ein Geschenk aus Gnaden. Im Kontext von Matthäus 24,13 kann „Errettung" nicht bedeuten, daß wir das ewige Leben verlieren und nicht in den Himmel kommen, wenn wir nicht unter der Trübsal ausharren. Vielmehr ist gemeint, wenn wir nicht ausharren, werden wir nicht fähig sein, aus den schweren Zeiten siegreich hervorzugehen, sondern der einen oder anderen Macht des Bösen zum Opfer fallen und Kompromisse eingehen müssen. Und das ist nicht bloß eine theoretische Möglichkeit: Jesu Worten zufolge wird die Mehrheit der Christen sich als unfähig erweisen, standhaft zu bleiben. Das ergibt sich aus dem Wort „viele", das so oft in Jesu Rede vorkommt: „Und dann werden viele verleitet werden und werden einander überliefern und einander hassen"; „viele falsche Propheten werden ... viele verführen"; „die Liebe der meisten [wird] erkalten". Ob es uns gefällt oder nicht: Wir müssen zur Kenntnis nehmen, daß Gottes Wort sagt, in den letzten Tagen werden viele abfallen. Würden wir diese Tatsache ignorieren wollen, so könnten wir eine Katastrophe heraufbeschwören. Gottes Wort redet in unmißverständlicher Klarheit:

Laßt euch von niemand auf irgendeine Weise verführen, denn dieser Tag kommt nicht, es sei denn, daß zuerst der Abfall gekommen ... ist ... –
2. Thess. 2,3

Die einzige wirkliche Abwehrfront, die Gott für sein Volk errichtet hat, ist die Fähigkeit, durch Wachen und Beten der Schlinge und dem Fallstrick zu entgehen.

Als Jesus in den Garten Gethsemane ging, um zu beten und seinen schmerzvollen Todeskampf in der Vorbereitung auf das Kreuz durchzustehen, nahm er seine Jünger Petrus, Jakobus und Johannes mit. Ihm lag an ihrer Gemeinschaft und Unterstützung:

Meine Seele ist sehr betrübt, bis zum Tod. Bleibt hier und wacht mit mir! – Mt. 26,38

Doch sie ließen sich vom Schlaf überwältigen, und als Jesus zurückkehrte, fand er sie schlafend. In dieser Situation sagte Jesus die folgenden, überaus wichtigen Worte:

Wacht und betet, damit ihr nicht in Versuchung kommt; der Geist zwar ist willig, das Fleisch aber schwach. – V. 41

Ohne Wachen und Beten werden wir außerstande sein, dem satanischen Druck standzuhalten, und den raffinierten Listen und Versuchungen des Teufels zum Opfer fallen.

In den Tagen des Kommens des Menschensohnes wird nur eine betende Gemeinde eine Überwindergemeinde sein können.

Es ist aber nahe gekommen das Ende aller Dinge. Seid nun besonnen und seid nüchtern zum Gebet!

Roberts Liardon
Leben in der Endzeit

Wie erwarte ich den wiederkommenden Jesus Christus?

Paperback · 192 Seiten
Nr. 20168 · ISBN 3-87482-168-4

Dies ist kein Endzeitbuch im Sinne von „Was geschieht als Nächstes?" – „Wann erscheint der Antichrist?" – „Was ist mit Israel?" – „Die Zeichen der Zeit" usw. Der Verfasser, der fest davon überzeugt ist, daß wir in der Endzeit leben und daß Jesus Christus bald wiederkommt, wirft vielmehr die grundsätzliche Frage auf: Was sollte das Wissen, daß wir in der Endzeit leben, für das Leben eines Christen für Konsequenzen haben? Er sagt: „Es ist nicht so wichtig, zu wissen, wann die Entrückung sein wird, sondern was du zu diesem Zeitpunkt gerade tust!" Hier einige Themen, die behandelt werden:

- Wir dienen einem außergewöhnlichen Gott
- Wir sind in einem geistlichen Krieg
- Aushalten bis zum Ende
- Wie wir in dieser Zeit unsere Freude bewahren können
- Im Zentrum des Willens Gottes leben
- Satans Versuch, Gottes Plan zu zerstören
- Unsere Rolle als Zeugen der Endzeit

Dies ist ein für die heutige Zeit sehr notwendiges Buch, das die Christen auffordert und anspornen will, noch einmal alles daranzusetzen, um die uns verbleibende Zeit auszunutzen und als treue Dienerinnen und Diener mitten in der Arbeit im Reich Gottes gefunden zu werden, wenn Jesus kommt. Jeder Leser wird großen Gewinn durch dieses Buch haben.

Bruce Reekie

Der Heilige Geist und Israel

Israels Hinwendung zu Jesus Christus

Paperback · 216 Seiten
Nr. 20181 · ISBN 3-87482-181-1

Bei den vielen neuen Büchern, auch auf christlichem Gebiet, die in unserer Zeit erscheinen, gibt es kaum noch ein Thema, das noch nicht ausführlich behandelt worden wäre. Doch von diesem Buch hier kann man es sagen. Gewiß, es ist ein Buch, das sich mit Israel beschäftigt, und davon gibt es viele. Doch der Verfasser greift hier ein Thema auf, das gewöhnlich ausgelassen wird, schon allein deshalb ist dieses Buch höchst interessant.

Dem Verfasser geht es in diesem Buch um die Tatsache, daß Israel seinen wahren Messias und Erlöser noch nicht erkannt hat und daß „noch eine Decke vor den Augen dieses Volkes hängt", wie der Apostel Paulus es ausdrückt. Leider ist es ja eine Wahrheit, daß der größte Teil des Volkes Israel es bis heute ablehnt, Jesus Christus als ihren Messias anzuerkennen.

Doch andererseits ist und bleibt Israel Gottes auserwähltes Volk für diese Erde, deshalb sollte jeder Christ erkennen, welche Absichten Gott noch mit Israel hat. Dieses Buch beschäftigt sich nicht mit den so scheinbar unlösbaren und verwickelten Verhältnissen im Nahen Osten, in deren Mittelpunkt Israel steht, sondern es eröffnet uns eine prophetische Schau der Absichten Gottes mit Israel in der Endzeit.

Die Propheten Israels verheißen seit Jahrtausenden, daß Gott in der letzten Zeit Seinen Heiligen Geist auf das Haus Davids und auf die Einwohner von Jerusalem ausgießen wird. Und diese prophetischen Voraussagen sind der zentrale Punkt dieses Buches. Jedem Leser werden sich hier ganz neue Einblicke in die Prophetie der Bibel eröffnen.

Bitte fragen Sie in Ihrer Buchhandlung nach diesem Buch!
Oder schreiben Sie an den Leuchter-Verlag, Postfach 1161, D-64386 Erzhausen.

Ralph M. Riggs

Gottes Kalender kommender Dinge

Ein biblischer Überblick zukünftiger Geschehnisse

Taschenbuch · 80 Seiten
Nr. 20 105 · ISBN 3-87482-105-6

Jede Generation hat sich für zukünftige Ereignisse
interessiert. Einige in der Hoffnung,
die Zukunft beeinflussen zu können, andere aus Furcht
vor Dingen, die man nicht übersehen kann.
Auch die Bibel redet viel von kommenden Dingen.
Die Bibel gibt Ein- und Ausblick,
weil sie prophetisches Wort beinhaltet.

In diesem Buch wird aufgezeigt,
welche Ereignisse auf die Menschen wartet. Es geht in
erster Linie um geistliche Ereignisse:

- Die Entrückung
- Das Wie und das Wann der Entrückung
- Der Richterstuhl Christi
- Die große Trübsalszeit
- Der Höhepunkt satanischer Bosheit
- Die Juden und Gottes Plan
- Christus nimmt eine Braut
- Das goldene Zeitalter

Bitte fragen Sie in Ihrer Buchhandlung nach diesem Buch!
Oder schreiben Sie an den Leuchter-Verlag, Postfach 1161, D-64386 Erzhausen.

Tim LaHaye

Geisterfülltes Temperament

Vier Grundtemperamente und wie sie uns beeinflussen

Paperback · 176 Seiten
Nr. 20 058 · ISBN 3-87482-054-8

Anhand der vier Grundtemperamente zeigt Tim LaHaye Stärken und Schwächen der Menschen auf. Interessant dabei sind die Ausführungen des Autors, weshalb Menschen gerade auf einem speziellen Gebiet versagen.

Wir werden aber mit unseren Schwächen nicht im Regen stehen gelassen; vielmehr wird aufgezeigt, daß wir in Christus durch die Kraft des Heiligen Geistes die Möglichkeit haben, diese Schwächen zu überwinden.

Folgende Themen werden behandelt:

- Es ist angeboren
- Dein Temperament kann verändert werden
- Die vier Grundtemperamente
- Die Stärken der Temperamente
- Die Schwächen der Temperamente
- Geisterfülltes Temperament
- Wie wird man mit dem Heiligen Geist erfüllt
- Groll betrübt den Heiligen Geist
- Furcht dämpft den Heiligen Geist
- Depressionen – ihre Ursachen und Heilung
- Wie wir unsere Schwächen überwinden
- Umgewandeltes Temperament

Bitte fragen Sie in Ihrer Buchhandlung nach diesem Buch!
Oder schreiben Sie an den Leuchter-Verlag, Postfach 1161, D-64386 Erzhausen.